中华体坛传奇事

刘未鸣　韩淑芳　主编

中国文史出版社

目 录

清末民初，京城神跤闪德宝

王孟扬

闪德宝是北京牛街地区的回民，他是最末一班头等布库。他年轻时号称无敌神跤闪，但在壮年时有一次在夜间喂驴，被驴把右手大拇指咬断了，而大拇指是拿法中最重要的。从此闪德宝在抓对方时，只能用右手的其他四指扶着，不能收制敌之功，但他一直到晚年也从来没有失败过。

闪德宝中等身材，属中量级，但不论重量级或超重量级，他都能以巧取胜。他最擅长的是"手别"，这是小份制服大份的妙招。其法是拿住对方，然后用肩部抵住对方腹部，使对方失去重心，在向后倒时，迅速用手锁住对方右臂，再用左臂别住对方右腿外侧，使高大对方随手而倒。闪用此术极为利索，一经施用，无人能幸免，称为绝技。

当时有一拉骆驼的刘某，身高力大，200斤的煤袋轻轻一抱即可置于驼背，亦善摔跤，有好事者怂恿他与闪德宝比武。刘与闪份儿相差甚巨，而闪不以为意。到赛期，刘自信能把闪举起，然后掼于地下。一经交手，刘果然将闪举起，但闪用手法锁住刘的两肩，以一足缠对方腰际，这样，就把全身重量转移到对方身上，使对方无法甩脱，经过较长的时间，刘已气喘，汗流如注，闪乃用力一撑，使刘失其重心，然后用"捡拐子"取出其下身，刘即应手而倒，而闪纹丝不动。第二跤闪乘刘有戒心，迅即穿裆，用绝技"手别"取胜。第三跤刘志在报复，连连前扑，闪向后诱敌，当刘步法已乱、重心前倒时，闪迅用"拱子"将刘吸置背上，然后用拿法将刘的上身引向自己肩的前方，再用臀部一挺，刘即倒立双足朝上而摔到较远的地下，观众为之叫好。

相传某次有内蒙古某蒙古族摔跤名手，特来北京登门相访，愿与闪德宝一决雌雄。闪表示同意，但闪熟知蒙古族跤衣均用牛衣拉边，钉以铜扣，如无鹰爪力本事，极易为对方制伏。闪缺一大指，实有不便，即建议双方均不穿跤衣，赤膊上阵。经对方同意，闪即仍用"拱子"，但不将对方的上身引向前，而引向前下方，结果使蒙古族跤手头部着地面颈部戳伤，使对方一战即失去作战能力，从此闪的威名大振。

名扬四海的武术大师霍元甲

———
晨　曲

　　霍元甲自幼练就一身硬功夫，扬名四海，人称"霍大力士"。1901年霍33岁，见俄国大力士卖艺广告上夸口"打遍中国无敌手"，决定前往较量，经翻译传话，俄力士屈服，登报承认藐视中国人的错误。1909年，英国大力士奥皮音，在报上自吹为"世界第一大力士"。霍应上海人民邀请，设擂约期与奥比赛，奥色厉内荏，临阵脱逃。1909年9月，日本柔道会专程来华找霍比武，霍大败日本柔道队。日本浪人借为霍医病，暗下毒药，霍无防备，遇害身亡。本文分十节：一、苦练成才；二、柴市较量；三、津门谋生；四、痛打皇差；五、技传乡里；六、扬我武威；七、挫败侍卫；八、迎战强敌；九、张园打擂；十、遇害身亡。

　　本文作者为了撰写此文，曾访问霍元甲的弟子、91岁的边云山，随同霍元甲去上海打擂的张文达之子、74岁的张凤枝，霍元甲之子霍东阁的内弟、86岁的于起芹等人，并参考了县志和霍元甲家乡的一些传说。

　　霍元甲是清末的一位武术大师，他的事迹已经在中国大地上被人们传为佳话。霍元甲处于帝国主义列强欺凌、压迫中国人民的时代，他满怀爱国激情，抱着为国雪耻、振奋民族精神的强烈愿望，投身于武术事业，横扫强敌之威风，大长中华民族之志气，为亿万同胞所钦佩、仰慕，引以为民族的光荣。

苦练成才

霍元甲，字俊卿，静海小南河村（现天津西青区）人，生于清同治七年（1868 年）。父霍恩第，武艺超群，常出入关东为客商保镖，在武林中颇有名望。晚年回乡务农，督教子侄辈习文练武，继承家业。

霍恩第弟兄三人，共生十子，称为"霍家十兄弟"，按年龄排列为：元贞、元善、元栋、元甲、元和、元卿、元良、元祥、元忠、元臣，霍元甲居第四。属于霍恩第一支的有三子，即老大元栋，老二元甲，老三元卿。

霍元甲幼年体质瘦弱，常受街坊顽童的欺负，在兄弟当中，也常被取笑。霍恩第为此心中不悦，曾对老伴说："人家都说'将门出虎子'，咱这武术世家，怎么竟生出如此一个弱儿？"遂决定禁止他练武，只让他到书房读书。霍元甲生性刚毅，父亲的决定，挫伤了他的自尊心。自己整天坐在书房中"之乎者也"，哪像个武术世家的子孙？便暗下决心，一定要勤学苦练，不当懦弱无能之辈。于是他就偷着练武，暗中和弟兄们竞赛。

小南河村西有一片枣树林子，是一块坟地，很少有人到那里去。霍元甲选中了这个地方，得空便到枣林深处练武。没有师傅指教，他就在父亲向弟兄们传授技艺时，偷听偷看，反复揣摩，然后独自到枣林去练，直练到式子纯熟，套路牢记于心为止。他的汗水比弟兄们要流得多。他经常细心观察弟兄们练武情况，取长补短，因此进步很快。

天长日久，霍元甲练武的事还是被人们发觉了。他最担心让他父亲知道，但后来还是传到了他父亲的耳朵里。父亲很生气，着实训斥了他一顿，并再次下令不让他学武。霍元甲并没有被吓住，仍继续练武，只是答应了不与任何人较量，决不丢霍家的面子。

那年代，有些武林好汉，四处寻访名手，意在击败对方后扬名天下。光绪十六年（1890年）十月某日，来了一个人，一身武行打扮，身背小包袱，说是久仰霍家"迷踪艺"绝技之名，今日远道前来请教。霍恩第是行家，当然明白他的意思。热情招待后，便让众弟兄练武给他看。谁知，他没看完，便哈哈大笑说："霍老师傅真是名不虚传，在小南河村里算是这个了。"他举起大拇指，接着话锋一转："井底之蛙，岂知天大乎？"霍恩第闻言大怒，拍案而起，要与他较量，武功较好的霍元卿忙阻拦，说："不必劳父亲大驾，看孩儿的。"霍元卿当众与那人比武，哪知只经过三个回合便败下阵来。霍恩第见此情景，知道来者不善，正要亲自上阵，忽听一声："看我的！"霍元甲旋风般地一跃而出。老人家一看是他，气得不得了，有心当众打跑他，可是，已经晚了，霍元甲已经与那人交上了手。只见霍元甲进攻时快似闪电，站马步稳如巨石，"直踏洪门"，照对手面部就是一拳。对方一歪脖，躲过，忽然又觉腿上挨了一脚，有一丝疼痛。霍元甲看准时机，趁他收腿尚未站稳之际，俯身一腿扫去，对手的一条腿如同打了麻药一般，顿时失去知觉。霍元甲趁机抓住对手，如霸王举鼎，双手托起，扔出丈余远，摔折了对手的腿。

这一幕，使霍恩第及在场的人不胜惊讶，万没想到，每日在枣林深处玩耍的霍元甲，竟练就这么一身硬功夫。从此霍元甲"武术高强"的名声便不胫而走，传扬开去。

柴市较量

光绪二十一年（1895年）腊月，年关将近，霍元甲挑着一担柴禾去天津卫，准备换几个钱过年。这时他已娶妻生子，人口多，地里收成无几，日子过得有些窘困，只有靠变卖点农副产品找些进项。

别人卖柴，一担挑一百五六十斤，劲头大的，顶了天也不过200斤。因为从卫南洼到天津卫要走20里路，谁也不敢多挑。霍元甲却与众不同，他把高粱秸结结实实地捆了八小捆，每捆足有四五十斤，然后再把四小捆捆成一大捆。他有一条特制的榆木大扁担，比一般的扁担长出一尺半，又宽又厚，挑起这足有三四百斤的担子，悠然自得地朝通往天津卫的大道上走去。一路上行人看到他的担子，纷纷议论，赞不绝口。

霍元甲挑着柴禾，来到天津卫西门外的西头弯子。生意还未开张，便有"混混儿"前来干涉，找他要"过肩钱""地皮钱"。两个人没说上几句，就口角起来，一个强要，一个不给，"混混儿"不能栽此跟头，骂骂咧咧地脱掉羊皮袄，朝霍元甲扑去，想用"混混儿"的看家本领——拼命，吓唬这个庄稼人。

霍元甲见"混混儿"扑来，一错步，闪在一旁，对方扑了个空，摔了个嘴啃泥。"混混儿"弄巧成拙，当众出丑，更加恼怒，飞起一脚，朝霍元甲胸膛踢去。霍元甲纹丝不动，只一伸手，便抓住了"混混儿"的脚脖子，往前一拉，往后一推，一撒手，"混混儿"摔了个仰面朝天。这个"混混儿"爬起来，二话没说，一溜烟地跑了。不大工夫，他招来了一帮"混混儿"，有十几个，各自拿着刀枪、棍棒，前来报复。霍元甲见此阵势，忙抽出那条大扁担，马步一站，严阵以待。等到那十几个人呐喊着包围上来，他突然大喝一声，挥舞着扁担，左突右刺，前扫后抢，只听见一阵风声呼呼，"混混儿"手里的刀枪棍棒，被打飞落地的不少；接着，他又来了个"古树盘根"大扫蹚，把扁担冲着"混混儿"抡了一圈，凡被扫上的莫不哇哇大叫，抱头鼠窜。时间不长，又来了四十来人，把霍元甲团团围住。霍元甲也红了眼，将大扁担往膝盖上一磕，"咔嚓"一声断为两截，他一手一截，准备应战。

就在这一场恶斗将要展开之时，忽听有人大喝一声："住手！"原来是"混混儿"的头目来了。他闯入重围，指责喽啰们说："你们都找死啊！没看出这位壮士的神力吗？来一百个也不是他的对手。给我滚！"来人姓冯，是脚行掌柜的。他把这一场风波平息后，执意要买霍元甲的柴禾。霍元甲便用两只胳膊挎起两大捆柴禾，随着冯掌柜进了院子。

冯掌柜对霍元甲十分殷勤，设宴款待。开始时霍元甲不清楚冯的居心何在，一再辞谢，但又感到好意难却，最后只好留下。席间酒酣耳热之际，冯掌柜吐露了他的意图，原来他看中了霍元甲武艺高超，想借重他接手脚行，维持这块地盘。霍元甲一时拿不定主意，只好推托说："家有老父，须回去商量再定。"

津门谋生

转年（1896年）春，霍元甲生活困苦依旧，经与父亲商议，到天津卫投奔冯掌柜脚行谋生。霍受到冯掌柜信赖，接手脚行以后，陆续取消了许多勒索农民及商贩的"苛捐杂税"，什么"地皮钱""过肩钱""磨牙钱""孝敬钱"等，这就招致了脚行里"混混儿"的不满，许多应收的款项也收不上来了。到了年底，应包缴官府的税银500两，凑不齐数，霍元甲被官府扣押起来。经家人到处摘借，凑足税款欠额，才把霍元甲赎了出来。霍元甲从此不再干脚行这种营生。霍元甲在此期间结识了一个人，名叫农劲荪，是坐落在北门外竹竿巷的怀庆药栈掌柜的。

此人爱好武术，广交武林豪杰。他和霍元甲一见如故，结为莫逆。霍元甲离开脚行之后，应农劲荪之邀，来到怀庆药栈。

怀庆药栈专门经营中草药，都是从山区或南方用船运来，然后转手批发给各中药铺。成捆的药材装卸搬运，都是力气活。药栈里原来有一个力大无穷的汉子，遇上大捆的药材，别人搬不动时，他就大显神通，为此在药栈里居功自傲，称王称霸。霍元甲来到怀庆栈，这人极为嫉妒，总想找机会同霍元甲较量一番。一天，怀庆药栈进来一批生地，一捆重500斤。力气大的伙计两人抬一个，力气小的根本抬不起来。那汉子见时机来了，便大显身手，一个人扛起这500斤重的生地捆，连扛了三趟以后，当着众伙计的面，对霍元甲说："霍师傅，人都说你武艺高强，力大无比，今日何不当着众哥们的面露一手，也让我们开开眼。"霍元甲平时听说此人是个刺头，便将计就计，要扫一扫他的威风。于是，霍元甲找了一根最粗最沉的杠棒，挑起两大捆药材，不慌不忙地进了库房。伙计们见此光景，个个拍手喝彩。那汉子羞得脸面通红，第二天，便辞了怀庆栈的差使，另找饭碗去了。

那汉子毕竟是气不顺，一天夜间纠合了几个人将重800斤的两个轧路石碾推到怀庆药栈的门口，双双立起，把门堵住。天亮后，伙计开门，见有两个大石碾堵在门口，忙向里通报。霍元甲来到门口一看，心里明白这是有人在和他为难，他飞起脚来，将两个石碾蹬出二三丈远。躲在暗处的那个汉子又找了个没趣，偷偷地溜走了。

没隔多久，又出了一件事。一天早晨，怀庆药栈的伙计去井台挑水，见两个大青石碌碡斜立在井口上，下方各靠井的一边，上方互相依靠着。那形势，稍有触动，碌碡便非坠入井中不可。伙计不知所措，只有回去唤霍元甲。此时，井台周围聚满了人，纷纷议论这件事。霍元甲闻讯赶到后，有人问他这是什么人弄的，他微微一笑说："是谁干的说不清。不过，这人真有本事，我佩服他。他单堵怀庆栈的井，分明是冲我霍元甲来的。"说完，他来到井口，猫下腰来，用两手捧住碌碡，只听"嗨"的一声，就把两个碌碡同时推了出去，围观的人齐声喝彩。

这几件事，使得霍元甲的名声更大了。人们给他送了一个绰号——"霍大力士"。

痛打皇差

光绪二十六年（1900年）初春，海河虽然已经可以行船，但冻土尚未开化。一日，农劲荪趁着药栈活计不忙，邀霍元甲出去闲逛。两人来到运河岸边的一个茶馆里，找一个临窗的桌子，坐了下来，边喝边聊。

农劲荪早年曾留学日本，又常走南闯北，知识渊博。他常给霍元甲讲一些古今中外的事，时常以愤激的心情谴责清廷如何腐败，如何屈服帝国主义，感慨中华民族灾难重重，还常给霍元甲讲述中国历史上杰出的爱国人物。他的话，使霍元甲开阔了眼界，增长了知识，明白了很多道理，激发了霍元甲爱国报国之心。

两人在茶馆谈兴正浓，忽闻河边有一阵嘈杂之声。

原来，从运河上游来了一长串运皇粮的船，到达北大关，要在这里停泊，粮船约有百只，无法靠岸。保镖的李刚下令抛锚后，把一根木桩朝岸上抛去，自己也紧跟着跳上岸来。李刚上岸以后，转了一圈，也没找到适于打桩的地方。他有些着急，一抬脚把近前的一个席棚子的立柱踢断了。这席棚子是一家简陋的炸馃子铺，主人正在棚子里炸馃子。席棚塌陷，祸从天降。跑出来一看，才发现棚子后面有个横眉立目的大汉。主人上前问个究竟，李刚蛮横地说："皇家的粮船停在此处，要在这打桩拴船。"馃子铺主人向他诉苦，请求"老爷开恩"。没想到李刚竟然破口大骂，把馍子铺主人推了个仰面朝天。李刚态度傲慢，旁若无人。他扯掉席棚，把木桩尖头朝下，竟然以臂做锤，打起桩来，木桩一寸一寸地被打进地里。这一举动，惊动了周围的人。那馍子铺的主人见到席棚子已毁，便跪求李刚"开恩"，给点赔偿。李刚不耐烦，一脚把他踢开，在木桩上拴好缆绳，扬长而去。

就在这时，霍元甲大喝一声："那黑小子，回来！"

李刚怎么也不曾想到，有人敢如此呼唤他。他自恃是皇家粮船保镖的，谁人敢惹他，便来到霍元甲跟前，说道："浑小子，你是活腻味了，敢在太岁头上动土！"霍元甲回答说："是好汉，不该欺侮穷百姓，你毁了他的生意，应该赔偿才是。"李刚嘿嘿一笑，问："你是谁，敢多管我的闲事？""我姓霍，名元甲。"李刚一听，眼前站的就是霍元甲，不觉倒吸一口冷气。但他表面上不能示弱，便对霍元甲说："姓霍的，别不识好歹，这事还是不管的好。"霍元甲恼怒地说："仗势欺人，不如一条狗！今日你若胜了我，只管走你的；胜不了，就老老实实赔人家东西。"说完，一步上前，李刚立即接应，二人兜了两圈，没分胜负。霍元甲有些不耐烦，挥拳冲李刚直取中路，李刚急闪身，想"顺势牵羊"，可是没拉动，又以"泰山压顶"之势，扑向霍元甲。霍元甲见有机可乘，使出"迷踪艺"中"闪步掰拦掌手雷"的式子，跳到李刚的身后，紧跟着朝李的背上猛击一"铁沙掌"，只见李刚朝前跟跄几步，"哇"的一声，口喷鲜血，一头栽倒，气喘不休。

这时，船上的运粮官看见保镖的被人打倒，不禁大惊，呐喊一声："大事不好，贼寇要抢皇家粮船，来人呀！快给我把强盗抓起来！"船上的清兵急忙下船，朝霍元甲一拥而上。霍元甲大喊一声，吓得众清兵连连倒退。运粮官走下跳板，强令清兵把霍元甲捆了起来。农劲荪见霍元甲被抓，急得捶胸顿足，不知所措。这时，恰巧当朝体仁阁大学士徐桐在此下船换轿，农劲荪得见，忙跑过去喊冤。徐桐听农劲荪禀告后，便传运粮官将霍元甲带来，问清情由，慨叹霍元甲是条好汉。徐桐问霍元甲家居何处，霍答："住卫南洼，小南河。"徐阁相不由甚喜。原来，徐桐的佃地就在卫南洼一带。徐桐念及乡土之情，决心搭救，便对运粮官说："保镖的欺人太甚，霍元甲打抱不平，怎能乱加罪名，说他要抢皇粮呢？把他放了吧！"运粮官只好依从，放了霍元甲。

没隔几日，有一人来访霍元甲，此人自称是北京源顺镖局掌柜的，姓王，名正谊，字子斌，因行五，又使得一把好刀，所以江湖上人称"大刀王五"。他不等霍元甲说话，便介绍自己的来意：由于钦佩霍元甲的为人，称得上是武林的英雄豪杰，特来会晤。两人谈得甚是投契，便结为好友。王子斌说，那个给皇家粮船保镖的李刚，就是他们镖局的，为人很不仗义。他还说怀庆药栈井口的两个大碌碡，也是李刚干的。那一天在运河岸上的较量，正是"狭路相逢"。

技传乡里

光绪二十六年（1900 年）六月十八日，八国联军攻陷天津。七月二十日，又攻进了北京城。侵略军一进北京，就放纵军队公开烧杀淫劫，血洗全城。源顺镖局的王子斌，愤慨而起，神出鬼没地与洋鬼子斗，为死难同胞报仇。一日，王子斌路过一家姓石的宅院，忽闻院里有妇女的哭声，忙冲入院内，只见十几个洋鬼子正在大发兽性。他忍无可忍，立即挥刀杀敌。虽力杀数人，但终因寡不敌众，壮烈牺牲。兽兵将王的头割下来放入笼中，挂在城门示众。

这消息被霍元甲得知后，悲痛欲绝，立刻动身赶到北京，与《老残游记》的著者刘鹗，设法将王子斌的头从笼中取出掩埋。数月后局势略有稳定，才正式安葬，并由刘鹗为其树一石碑。

好友王子斌惨遭杀戮的事件，使霍元甲内心久久不能平静。他痛恨帝国主义侵略者，也痛恨腐败昏庸的清廷。他说："同自家乡亲和气，方为好汉；与外国民族争雄，乃是英雄。"还说："一人强，无大用；全民强，有希望。"于是，他下定决心训练乡勇，并打破祖宗留下来的"霍氏武术传媳不传女"的老规矩，把击技之术传授众人，以御外侮。

八国联军占领天津后，设立了"都统衙门"，把天津全城划分为八个管理区，由八个国家分别管辖。霍元甲若想招众练武，那是根本行不通的。于是，他只好告别农劲荪，离开怀庆药栈，回到家乡小南河。

霍元甲回到家乡后，向父亲及众兄弟述说了自己耳闻目睹的帝国主义的罪行，表达了自己的志愿：打破家规，技传乡勇，人人强壮，抵抗外侮。他的父亲及弟兄们都表示赞成和支持。于是，霍家拳术便由此开始传于外姓了。

刘振声便是霍元甲众徒弟中的一个。他原籍直隶景州，出身贫寒，父亲早逝，年轻的母亲常受无赖之徒纠缠，处境十分艰难。后来经人撮合，嫁给常去景州买牛的屠夫吴四，吴四是小南河人，便将她母子接到小南河家中。后来，刘振声的母亲受人哄骗，信奉了天主教，在庚子年被义和团当作"二毛子"杀了。刘振声在霍元甲的帮助教育下，认识到帝国主义侵略者利用传教拉拢毒害中国人，挑拨分化中华民族的团结，用心恶毒，爱国热情日益高涨。他学武能吃苦，胳膊上的功夫很硬，被人誉为"铁胳膊"，成为霍元甲的得力弟子。

霍元甲的众徒弟中，另一个出类拔萃的要数张文达。多年来有的报刊提起霍元甲上海打擂，把张文达写成背叛师傅的反面人物，这实在是冤枉了张文达，本文后面再叙。

扬我武威

光绪二十七年（1901 年），霍元甲 33 岁。有一天，刘振声拿来几张印着俄国大力士在戏园卖艺消息的广告传单，上面声称："打遍中国无敌手，让东亚病夫们见识见识，开开眼界。"霍元甲看了传单之后，勃然大怒，说："全不把中国人当人看，一个外国卖艺的，也敢如此侮辱中国，真是欺人太甚！"霍元甲决定会一会这个俄国人，便带着刘振声前往天津卫。

霍元甲先找到了农劲荪，他懂得外国话，可以充当翻译。三人一同到了戏园以后，向戏园管事的说明来意。管事的深知霍元甲的武艺，不敢怠慢，一面让他们到头等席上坐定，一面立即向俄国大力士通报。

这时，戏台上俄国大力士出场了。他身材魁梧，体壮如牛，浑身的肌肉一条条、一块块，清晰分明。大力士先运动全身肌肉，打一套拳，然后仰卧台上，两手各举起 100 磅重的铁哑铃，双腿再夹住一个，在这三个铁哑铃上面放一块厚木板，板上摆一张桌子和四把椅子，四名大汉上去坐在那儿打牌，木板毫不动摇。接着，他又表演手卷铁板，他拿出一块厚铁板，让一个人拿大锤砸了三下，铁板毫无变化，然后他运足了气，把铁板卷成了筒。俄国大力士又表演了几个节目，都很惊险。最后的压台戏，是断铁链。他拿出一条粗铁链，一端用脚踩住，绕身体数周，如同乌龙盘柱，直盘到上身，另一端从肩上回过来，用两手握牢，然后大喝一声，身腰一挺，铁链挣断，落在戏台上发出巨响。俄国大力士的表演使台下的观众惊叹不已。

俄力士表演以后，进行宣传，吹嘘自己是"世界第一大力士"，并表示在此表演三天，"病夫之国"如有能者，欢迎登台较量。

霍元甲在台下哪里还坐得住？他同刘振声、农劲荪商议，要上去比武。农劲荪劝阻说，应找出中人，立好赛约，明天再比。霍元甲不依，一个箭步，气宇轩昂地跳上戏台。俄力士得意扬扬地正要收场，没想到突然跳上一个人来，心中不免一震。观众们也大为震惊，其中有的人认出了霍元甲，便纷纷传开，知道要有一场好戏看。有的人看到两个人的体型相差悬殊，又替霍元甲担心。

霍元甲上得台来，开门见山地说："我是'东亚病夫'霍元甲，愿在这台上当着众人的面，与你较量较量，怎么样？中国人比武有两种方法：一种是君子斗，一种是小人斗。前者不伤人，后者要见血。用哪种方法随你挑！"俄力士见霍元甲来势不善，难测深浅。这时，翻译忙把他拉到台后，对他述说霍元甲的厉害。俄力士一听，知道遇到了强手，害怕当场出丑，不敢比试，便让翻译上前与霍元甲解释，表示刚才的演说都是夸张宣传，为的是挣钱，请霍师傅不要当真，愿与霍师傅交个朋友云云。

霍元甲叫板再三，俄力士始终也不肯出来比武。霍元甲最后说："如不较量，就得登报认错。"俄力士被迫屈服，只好登报承认了自己藐视中国人的错误，灰溜溜地离开了天津。

霍元甲威慑俄国力士的消息，很快就传开了，听者无不称颂霍元甲大长了民族志气，振奋了民族精神。

挫败侍卫

光绪二十九年（1904 年），有一个自称是武清李侍卫的门人，前来邀请霍元甲相会。最初霍元甲婉言谢绝，接着在社会上就传出"霍元甲怕李侍卫，不敢较量"的流言蜚语。正在这时，李侍卫又打发门人来邀，霍元甲一怒之下，决定前往较量。

李侍卫，名富东，武清区人，因鼻子特大，被人称为"鼻子李"。

他武艺高强，精于摔跤，曾任清朝皇帝侍卫，充当教头多年。他年过花甲，告老还乡，因在皇宫应差多年，有些积蓄，便置了一座庄园，养一帮门人，使拳弄棍，称雄乡里。对于人们传说霍元甲的名声，他很不服气，便派门人把霍元甲邀来，比个高低，目的是显显自己的威名。

霍元甲应邀来到李富东的庄园以后，李富东虚情假意地表示热情招待，然后比武。李富东提出：第一项走三圈空筐箩边。此功为软功，不会丹田提气、无飞檐走壁之能，是万万走不了的。李富东让霍元甲先走。霍元甲对此功练得不深，但既来了，就不能含糊。他抖擞精神，运神闭气，踏上筐箩边，走了两圈半，便踏翻了筐箩。李富东的门徒们哈哈大笑，讽刺羞辱霍元甲。然后李富东表演，他面带得意之色，略舒身躯，跃上筐箩边，体轻如燕地走了三圈，筐箩纹丝儿没动。众徒弟连声喝彩、拍手。

第二项是比击掌，每人各击对方三掌。此功为硬功。李富东提出由他先击，霍元甲此功甚硬，胸有成竹，欣然同意。霍元甲站桩已定，李富东运动全身力气于掌上，第一掌击出，霍像没事一样，只是脚下青砖裂开了；第二掌，霍仍安然无恙，脚下青砖碎裂。李富东见此光景不禁倒吸一口凉气，这才知道霍元甲的功夫确实可以。他知道第三掌如果胜不了霍元甲，可能就要拜下风了。于是，李富东用尽全力击出第三掌，霍元甲双脚陷入青砖地里三寸多深，而全身毫无损伤。李富东的门徒看到这儿，一个个不胜惊讶，都伸出了舌头。霍元甲拔出双脚，微微一笑，说："老师傅请了。"李富东只好壮着胆子站稳，等待霍元甲击掌。他哪里知道霍元甲"铁沙掌"的厉害，只一掌，就受不住了，晃了一晃，一头栽倒在地。众门徒见师傅有失，立刻蜂拥而上，想要动手。霍元甲怒喝道："依仗人多势众吗？不怕死的过来！"李富东唯恐门徒吃亏，立刻喝退众徒弟，然后爬起来，笑脸相赔，承认失败，并邀霍元甲住下，容后再比。

霍元甲被请至庄园东北角的一所小阁楼内住下，哪知刚一进去，就被锁了起来。霍元甲看出李富东居心不善，必须立即设法脱身。但见阁楼墙壁，都是大块青砖砌成，只有一个窗户，窗栅是粗铁棍制成。别无出路，要逃只能从铁窗出去。好容易挨到天黑，他使出全身神力，抓住铁棍，三摇两晃，把铁窗整个推了出去，墙壁也塌了一块。霍元甲纵身跳出阁楼，飞身跃上一丈多高的围墙，随后跳进墙外的壕沟。

霍元甲推倒铁窗的声音，惊动了李富东的家丁。待李富东打开寨门，带着众徒弟，追至壕沟边时，霍元甲已上岸远去了。

迎战强敌

宣统元年（1909 年），上海来了一个名叫奥皮音的英国大力士，在张氏味莼园设擂。他在报上登广告，自吹自擂说：能在肚子上压 800 斤的铁镫，能拖住疾驶的汽车倒退，汽车碾身不伤毫毛，为"世界第一大力士"，此次在张园设擂比武，望中国人勿轻率尝试，以免丧失性命……

这张氏味莼园在上海静安寺路（今南京西路泰兴路口）。园内宽阔平坦，绿草如茵，园主经常出租给人家开会及作杂耍场用。奥皮音来到上海，便租下张园设擂。

当时，上海人面对奥皮音的挑衅言辞十分愤慨，但苦无对策，因上海滩虽文化兴盛，却缺少武艺卓著的武术家。有人知道天津霍元甲的威名，便来函邀他前往上海，会战奥皮音，为上海人出气，为中华民族争光。霍元甲接信后，异常恼火，立即与农劲荪、刘振声、张文达等人赶到上海，与奥皮音一较高低。霍元甲也在张园设一擂台，与奥皮音对垒。登出的广告上写着：

专收各国大力士 虽有铜皮铁骨 无所惴焉

此广告在报上登出以后，社会上立刻轰动，人们奔走相告，盼望霍元甲能打败奥皮音。

原来，奥皮音并没有什么真本事。他被一个名叫沃林的资本家所雇用，到中国来招摇撞骗。霍元甲的广告一登出，奥皮音就感到事情不妙，沃林也慌了神。沃林以为霍元甲是个穷人，便进行要挟，提出以一万两银子做赌注，想把霍元甲吓跑。哪知，这个条件霍元甲一口答应下来。当下，他们就找出公证人，订立赛约。

奥皮音原来傲气十足，不可一世，根本没把中国人放在眼里。当他打听到霍元甲的本事以后，威风便减了一半，及至同霍元甲一会面，立即被霍元甲威武不屈的气概慑服。但是大话既已出口，就不得不约定日期，在张园公开比赛。

到了比赛那一天，时间还早，张园内便已人山人海。人们都在暗暗祝愿霍元甲取胜，为中国人出口恶气。霍元甲在擂台上等候多时，不见奥皮音到来，心中纳闷，便派人去找，哪里还找得到踪影？原来，奥皮音色厉内荏，怕被霍元甲打死，早已溜到南洋去了。自此，霍元甲的威名更盛，海内外皆知。有些外国人送他一个外号叫作"黄面虎"，意为黄种人的勇士。

张园打擂

奥皮音被霍元甲吓跑，上海人民拍手称快，但又为没有亲眼看到霍元甲的技艺而感到遗憾。张园的擂台前，每天人群川流不息，面对高台望眼欲穿。霍元甲理解同胞的心情，因此常在台上表演一些拳术，略显家传绝技。有时，霍元甲还邀请台下观众上台击他三掌，再三声明只要不怀恶意，他决不与之角斗，但也无人敢捋"黄面虎"的虎须。

某日，霍元甲正在台上悠闲自在地走动，忽然有一人跃上擂台，自称是东海赵某，愿向霍元甲请教。台下观众在此徘徊数日，都未见有人敢登擂台，今日突然有人上台，真是喜出望外，立刻一窝蜂似的围了过来。

霍元甲见赵某登台，便表示："我摆这个擂台是为国人雪耻的，广告上说得明白，'专收各国大力士'。你我同胞手足，何必争个强弱呢？"赵某厉声反问道："你既然能摆擂，我就能打擂。难道你怕我，不敢同我较量吗？"这样，你一言我一语的，最后终于交了手。两个人斗了好一会儿，霍元甲使一绝招，把赵某推下擂台，自己也随着跳下擂台，连忙说道："你我胜负平分，就到这为止吧！"哪知赵某不答应，坚持要分出胜负，二人只好接着比试。只听得擂台被脚蹬得如雷鸣击鼓，拳腿出击似闪电疾风。结果，赵某冷不防地被霍元甲拽住腿卧跌台上，败阵而去。

台下观众看到这一场精彩的比赛，不禁热烈地鼓掌。

第二天，又有一个黑大汉跳上擂台，操一口山东话，自称姓张名文达，是东海赵某的朋友，前来替朋友雪耻报仇。霍元甲听罢忙谦逊地解释说："我只是想与欺负我们的外国人较个高低，并无他意。我击败赵某实出于无奈。"张文达听此言后仍是不依不饶，非要与霍元甲一决雌雄不可。霍元甲便命徒弟刘振声和他比赛。两人交手后，你来我往，斗了半天，不分胜负。突然间张文达揪住刘振声，一个倒背口袋，把刘振声扔出一丈开外的台下。刘振声技艺纯熟，双脚站定，并未摔倒，仍不算败。

张文达与刘振声比试后，点名要霍元甲出阵，并以话语相讥。霍元甲被激怒，一跃而起，"直踏洪门"（由敌人正面而入），把张文达推向台下。就在张文达将要摔下台的时候，一把抓住霍元甲的衣服，并朝霍元甲的胸部奋力蹬出一脚。霍元甲轻捷异常，一闪身躲开，用一只胳膊托张的腿，另一只手朝张文达腹部捣出一个"窝肚拳"。张文达见势不妙，急忙一个鹞子大翻身，跳到台下，惭愧而去。

台下观众看到如此精湛的技艺，真是心满意足，热烈欢呼，连声叫好。他们并不知道这些都是霍元甲为了满足上海人想看比武的心愿，事先商量好的一场"表演赛"。

张园比武告终，霍元甲留沪小住。这时正值暑假期间，上海各学校都争先邀请霍元甲等人去传授武术，一时竟应接不暇。

霍元甲目睹帝国主义肆意压迫中国人民，讥嘲中国人为"东亚病夫"，便与农劲荪等人商议，为强国强种，振奋民族精神，决定创立中国精武体操会。这个消息一传开，正合上海各界人士心意，出资赞助者极多。就这样，中国第一个民间体育组织——中国精武体操会，在上海闸北王家宅成立了，农劲荪任体操会会长，霍元甲任技击主任。

遇害身亡

日本柔道会得知霍元甲曾挫败俄、英两国的大力士，今日又办起精武体操会，很不服气，他们精选了十几名高手，专程来到上海找霍元甲比武。双方会晤后，择定公证人（日本领事也参加了公证），便在虹口日侨所设的柔道会场进行比武。

比赛开始时，霍元甲先命他的徒弟刘振声出阵，霍嘱咐说："咱们都不知柔道是什么东西，你可先用诱敌之法，观其动静，然后变攻为守，以静制动，寻机取胜。"刘振声一一牢记。

刘振声上场以后，果然先不动手，往那儿一站。他站桩功夫较深，立在那里，犹如泰山一般，纹丝不动。日方运动员见刘振声的样子，认为有机可乘，便猛扑过去，抓住刘的衣襟，试图将刘摔倒，没想到竟撼不动。日方运动员使用了多种招数，都无济于事。日方无奈，便推出力气最大者上阵。这个队员上去，仰卧地上，把一条腿伸进刘的胯下，想把他勾倒。只见刘振声突然飞起一脚，踢向对方股部，日运动员"嗷"的一声，顿时不能动弹。刘振声以静制动，以逸待劳，连胜日方五人。

日领队见自己的运动员连遭失败，非常恼火，便出阵与霍元甲较量。日领队虽然技术纯熟，武艺高于队员，但一经与霍元甲交手，便武步凌乱，气喘如牛，此时才领教到霍的厉害。日领队又企图下黑手暗中伤人。谁知霍元甲早看出破绽，虚晃一招，用肘急磕其臂，只听耄然一声，日领队臂骨被磕断。日方队员见领队有失，蜂拥而上，企图群斗，但由于赛前有约，公证人出场制止，日方队员只好忍气吞声地退下。

赛后，日本人举行宴会，招待霍元甲。席间，日本人知道霍元甲正患"热疾"，就介绍一个名叫秋野的医生为他治病。霍元甲生平胸怀坦荡，欣然接受。霍服药后，病情不但没有好转，反而逐渐恶化。时过月余，霍元甲终于含恨离开了人世。霍的徒弟和朋友们把那瓶药拿去化验，才知是一瓶慢性烂肺药，明白了这是被日本浪人暗下了毒手。

宣统元年（1909年）九月十四日，霍元甲以身殉技，卒年仅42岁。国人闻讯，无不深感痛惜。

霍元甲逝世后，精武体操会为他举行了隆重的葬礼，墓穴在上海北郊的一墓地，墓前有一碑，铭刻着八个大字："大力士霍元甲之墓。"

蜚声南洋的霍东阁

———

晨　曲

霍东阁是精武体育会创始人霍元甲的次子。其耿耿爱国之心与高超的武技，和父亲一样，赢得了人们的广泛称颂。现就我所掌握的资料，略述霍东阁先生一生之事迹。

尚武精神

霍东阁，1895 年 2 月出生于静海县小南河村（现属西青区）。由于家庭的熏陶，自幼就爱好武术并刻苦练功，因此很受父亲的宠爱。

1909 年，霍元甲在上海被日本浪人所害，当时霍东阁年仅 15 岁。他素知父亲在世时有提倡武术、强国强种的雄心大志，激于满腔悲愤，视家仇为国仇，决心继承先父遗志，完成其未竟之事业。于是，他与叔父霍元卿毅然前往上海，扶持精武体育会。

霍元甲逝世，使精武体育会（初期名精武体操会）在仅成立两个月之时便突然遭受打击，面临夭折危险。霍东阁与叔父的莅临，使该会成员深受鼓舞，组织得以继续存在。会员们见到了霍东阁之技艺，一如乃父，不胜惊叹。霍东阁继承父志，力挽狂澜，使精武体育会不断巩固发展。

精武体育会以尚武健身、振兴中华为目的，从该会诞生之日起，这种精神在各方面都鲜明地体现出来。精武体育会会旗是三星旗，由右上方斜落至左下方，分别为黄、蓝、红三色，代表德、智、体三育。意思是炎黄子孙都以"三育"修身，中华便可振兴。会徽形状如同战场上的盾牌，其意为可守不可攻。参加精武者旨在保身卫国，绝不可用学到的武术去攻击、陷害别人。精武会训中有一条是"不准以我之拳头加于同胞身上"，足见精武体育会是何等的重视德育。霍东阁等人认为，体育组织虽以习武为目的，但必重视纪律、道德的约束，否则难以成为国家之栋梁。为此，精武体育会提倡德、智、体三育并重，陆续建立了励志团、书报室、国文馆、音乐厅、游艺部等提高思想、陶冶性情的组织。

精武体育会在霍东阁及其叔苦心经营之下，成绩显著，在社会上威望日益提高，要求习武者日众，大有应接不暇之势。为此，霍东阁广邀南北武坛好手，云集精武，相得益彰。如南派的陈维贤、孙赞轩，粤派的罗述祖，北派的叶凤池，等等。精武体育会把富有经验的武术家们分派到各校任教。当时，上海的南洋公学、水产学校、甲种商业学校、中国体操学校、惜阴公会中学等，均聘精武体育会的教员授课。

后来，有不少城市纷纷设立精武分会。当时有绍兴、九江、松江、汉口、广州、香港等。至此，精武会由初创时的70多人，发展到10万多人，足以说明霍元甲倡导的体育合国情、顺民意。

精武会的成员继承霍元甲的遗志，为发展民间体育、达到强国强种的目的，做了不懈的努力。

1919年精武体育会在上海总会举行10周年庆祝活动时，孙中山先生曾亲自为该会题赠"尚武精神"四字的匾额，予以嘉勉，并在精武所创的刊物《精武本纪》上作了长篇的序言，肯定了精武体育会所取得的成绩，提到该会"于强种保国有莫大之关系"。

南洋扬威

1919 年，霍东阁应精武广东分会之邀，前往广州任教。霍东阁在广州期间，得悉有些旅居南洋的华侨也在筹建精武体育组织，不胜欣喜，乃产生出国远行之意。唯以旅费缺乏，一时未能如愿。当时，广州的海军总司令温树德，手下有战舰十余艘，连同陆战队、警卫营在内有士兵1 万多人，其中多为北方儿郎。温树德得知霍东阁在广州，便以高薪礼聘霍东阁到海军任国技教练，霍欣然同意，计划积薪水所得，以为下南洋之川资。霍东阁在海军任教不足一年，因温树德倒戈孙中山，归附北洋军阀，愤而离去。

霍东阁手中积蓄渐丰，乃决定下南洋扩展精武体育事业。霍妻于氏，本来随住广州，因不习惯于南方生活，思念家乡，归心似箭，对霍表示不愿随之漂流南洋。霍东阁无奈，只好把妻子孩儿送回故乡。霍东阁与家乡父老告别后，重返广州，时在 1923 年初。

1923 年 5 月 24 日，霍东阁由香港起程，赴南洋筹办精武体育组织。6 月 12 日，抵达爪哇泗水（苏腊巴亚）。

霍东阁初到泗水，住在南洋烟草公司陈英三家。他通过陈英三之关系，联络当地华侨绅商，游说发展体育事业，初期效果不甚显著。一日，泗水中华学校演剧筹措经费，特请霍东阁登场助兴。霍应邀，在台上打了一套"霍家拳"，博得满场掌声，接着又打了一套"醉八仙"，更为轰动。从此，霍东阁在泗水声名大振，各华侨学校（如侨南、中华、振文等校）纷纷请他授课。由于霍东阁武技精湛，教导有方，习武者进步很快，霍东阁在当地之威信日益提高。

在华侨商人的赞助下，泗水精武会于 1924 年 8 月宣告成立。由于泗水华侨子弟习武成风，霍东阁一人应接不暇，乃将其侄霍寿嵩从广州召来，以助一臂之力。霍东阁不辞辛苦，四出宣传，终于在 1925 年 12 月在吧达维亚城（雅加达）建立了吧城精武总会。然后又分别在巨港、芝利崐、三宝垄、梭罗（苏腊卡尔塔）、万隆、北加浪等地成立精武分会。霍东阁继承父志，历尽千辛万苦，终于在南洋一带开拓了新局面。

霍东阁在南洋创业，经受过许多波折，有时甚至遭到外国人的暗算。有一次他表演汽车碾身时，由一个外国司机驾驶一辆十轮大卡车从盖在身上的铁板上轧过去。按规定汽车只从身上轧过一次，不料这个司机在铁板上反复地开过来倒过去，有意加害于霍东阁。幸经霍寿嵩等人忙上前把汽车推开，霍东阁才脱离危险，可是浑身上下有许多地方都被憋出血斑。偏偏在这个时候，有个外国武术家走上前来向他"请教"。霍东阁知其用意，想起先父被外国人暗害的情景，不由得义愤填膺，新仇旧恨化为无穷的力量，带着满身的伤痕，终于把那个外国武术家打翻在地。外国人对他的一场陷害弄巧成拙，遭到可耻的失败。

眷念故土

霍东阁自从赴南洋创办精武体育会以后，长期客居海外，直至逝世。其间，曾两次回国到故乡探望。

1926 年秋，霍东阁回国后先到上海，受到上海精武体育总会同人的热烈欢迎。在上海小住后，乘车北上，回天津小南河探亲。小南河位于天津城西南，离城 20 余里，当年城乡往来的交通工具主要是马车。霍东阁乘坐之马车，在行进中途，突然辕骡受惊，狂驰腾跃，危在旦夕，车上乘客都吓得面如土色，手足无措。只见霍东阁跃起跳上车辕，用两腿死死夹住狂奔的骡子的脖子，两手紧抓骡子的耳朵，顿时骡子服帖了，乘车的人们免除了一场横祸。大家经过询问，才知道他是霍元甲之子霍东阁，异口同声地赞颂不已。

霍东阁在家居住多日，曾反复动员其妻于氏同往南洋；其妻以故土难离，誓死不肯。霍东阁又想把其次子霍文亭带走，岂知父有情，子无意，母更难舍，终于未能如愿。霍东阁返回南洋后，另娶一妻，乃当地华侨，姓叶名玉梅。

霍东阁第二次归国是在 1935 年春夏之交。他这次回到家乡有一桩心愿，即想在天津建立精武体育组织。霍东阁在特一区今大营门附近租了一间临街的房子，挂牌为东阁药房，但并未正式营业，不过是为了有一个落脚之地。他结识了广东旅津中学校长及广东音乐会的负责人麦君健，得到他的支持，借广东音乐会的会址（在美丽川菜馆楼上），表演武术，介绍精武体育会在国内及南洋的发展情况，动员家乡同胞赞助他筹建天津精武武术研究会。霍东阁的宣传活动虽然也产生了一定影响，但始终没有人肯于出头赞助，霍东阁很感到失望。他这次回国，妻子叶玉梅随同而来，她以水土不服、身染疾病、思念南洋亲人为由要霍回南洋去，同时吧城精武总会又来电召他速回，为此，霍东阁于 1936 年 2 月重返南洋。

长眠异国

霍东阁 1936 年返回南洋后，再也没有回国。

霍东阁一生勤奋好学。他幼年时因家中不富裕，读书不多；成年以后，发奋读书，增加不少知识。他在上海精武体育总会任过国文教员，在南洋吧城精武总会任过国语主任，可见其对语文钻研之深。他还擅长吟诗、作画、书法；又钻研医学，曾在南洋万隆开设同仁堂药材房，挂牌行医。

　　他为了广泛宣传精武武术事业，曾不惜自费数千元，购置摄影机，自行拍摄武术表演的影片，放映之后，影响很大。不幸的是，他只活了62岁便离开了人世。1956年4月18日，霍东阁在万隆寓所突然逝世。万隆中华总会、长黄公会、南华学会、中华药商联合会、华侨妇女会等华侨团体联合发出讣告，表示深切哀悼。这位葬于异邦的武术家，为在南洋推广我国的武术事业，贡献了他的一生，受到了南洋华侨的广泛称颂。

螳螂拳家单香陵

亦　斌

东莱黄县，崇文尚武，久负"胶东少林"美誉。清末民初以来，高手辈出，竞相争雄，武林中尤以六合螳螂拳风行，论武功艺德，应首推单香陵。

单香陵，原名单丕勋，1906 年出生在黄县城关镇邹家村，是著名的六合螳螂拳家、山东省政协委员、北京市武术协会会员、黄县政协常务委员。

单香陵早年随黄县赵景清学长拳，从莱阳吕孟超学通背沾粘拳和六合枪棍术，后又拜北关著名拳师丁子成学六合螳螂拳。及成人，身躯伟岸，神气冷峻，两目炯炯逼人，多种绝技集于一身。梅兰芳大师向他学过武功，许世友将军曾为他的精湛表演喝彩叫好。

单香陵晚年乡居，安贫乐道，砥砺艺德，热心传授拳术。如今，他的得意高足遍布全国，有的蜚声海内，有的在港澳武林称雄，终成一代宗师。

单香陵幼年调皮好动，见义勇为，不畏强暴，因排行老二，人称

"二愣子"。按"穷文富武"的说法，单家应属小康，单8岁那年，其父苦于时局不靖，兵连祸结，与几家乡亲合资从莱阳请来六合枪棍术武师吕孟超教授子弟。

吕孟超号称"山东第一棍"。为人保镖时路遇响马，他用铁棍就地画一圆圈，说："能把我从这个圈里打出去，财物恁取！"10余个响马呼哨一声，刀枪齐上，竟不能取胜，最后反被一一击伤，只好纳头拜跪求饶。

吕孟超来黄县任教时已年逾花甲，看到几个富家子弟都不甚刻苦，唯单香陵年岁虽小，却伶俐好学，格外喜欢。因而，8年后单香陵把六合枪棍术学得滚瓜烂熟，别的孩子则瞠乎其后，仅学了些花架子。

1922年，单香陵16岁，吕孟超因年事已高，决定辞馆回家。单香陵难分难舍，送了一程又一程，最后吕孟超连六合枪棍谱也传给了他。单香陵在县城北关有个姑父，叫丁子成，练的是六合螳螂拳。地方资助丁子成在圣人殿创办国术馆，免费授业。六合螳螂拳是种快速、凌厉、技法多变、技击性强的象形拳术，相传为明末山东人王郎所创。王郎学拳于少林寺，艺成出游，遇到通背高手单通，两人较量了三天三夜难分高下。王郎歇于树下苦思破敌之技，偶见螳螂缘树而下，两臂如斧如锯。王郎从螳螂变换有度的灵活动作中悟出以短克长之法，揣摩出勾、搂、采、刁、蹦、砸、挂、劈、沾、粘、贴、靠、闪、转、腾、挪的技巧，以及刚柔相济，舒展自如，劲力与动作和韵致的统一，与单通再战，终于获胜。

丁子成的六合螳螂拳术是由湖北魏德林传来胶东的。魏系江洋大盗，因手指间有肉膜相连，状似鸭蹼，人称"鸭巴掌"。他由登州越狱逃至招远，将拳术传给林世春。林世春在黄县丁百万家的当铺当拳师时，成了丁子成的师父。丁子成见单香陵有一手好枪棍术，便动了向他求教的意念。这天，他把单香陵请到家，郑重提出用拳术换枪棍术的要求。单香陵很爽快地应承下来，在传枪棍术之余，拜丁子成为师，学六合螳螂拳。

一晃五年，单香陵两门绝技集于一身。1927 年，丁子成授意他外出寻师访友，以臻长进。这期间他漫游大江南北，结交了不少名师高手，拳术更是兼收并蓄，集众所长，融会贯通，不落俗套了。在南京他以拳会武林高手时，借"金陵"之重，取号"香陵"。

有一年，他在大连时，借住在西岗一个开绸缎庄的亲戚家中，正遇几个醉醺醺的日本兵到店里强买货物，殴打店员。单香陵怒不可遏，一步闯上前去将几个日本兵打得东倒西歪，夺回了货物。几个日本兵鼻青脸肿地回营召来 20 余人在街心与单香陵摆开了阵势，其中也有会柔道、劈刺术的，但一个个仍被单香陵打得人仰马翻。双方正打得难解难分，人丛中走出一个身穿和服的年轻人来，用日语喝退了日兵，又用中国话询问了单香陵的姓名、住址。

第二天，单香陵接到一张日本驻大连海军最高指挥官的儿子发来的请柬。亲友一看傻了眼，都说这是"鸿门宴"，单香陵却从容不迫，大模大样地届时"光临"。

原来，这位日本小衙内看中了单香陵的一身武术，要向他讨教，并表示要结"秦晋之好"，以妹相许。单香陵却心中有数：你们把中国人祸害得不轻了，还想再把中国武术学去欺负中国人？做梦！我家自有糟糠之妻，不当鬼子女婿！酒宴上，单香陵不露声色，搪塞地传授了几招无关紧要的皮毛。第二天，他写了张回帖，搭上南下火车，"呜"的一声进了关。

从 1932 年开始，单香陵在北平一住十年，先在前门大栅栏源源永粮店学生意，后在广和楼、广德楼两家戏园子任武术教师兼账房先生，他那"两广总督"和"闲都管"的雅号就是这时得来的。

源源永粮店前有个广和楼戏园,园子里管事的人是粮店的老主顾。那年月,前门外流氓地痞很多,常到戏园子里起哄闹事,股东王玉堂风闻单香陵有一手好武术,就请他到广和楼当票房,震慑地头蛇。

这天,有个戏班子与广和楼闹了龃龉,要撕合同。戏园子与戏班子积怨极深,剑拔弩张,要动武力一决雌雄。友人劝单香陵说:"躲躲吧!怕要出事。"

单香陵听了,莞尔一笑:"躲?正想会一会呢!你去叫人给我搬几块方砖来。"

伙计们不知单先生要干什么用,抱来九块方砖,整整齐齐摆在舞台中央,然后遵照他的吩咐,把两方管事的人叫了来。逢巧,梅兰芳、尚小云来劝架,也来到前台看动静。

单香陵冲着两方管事的人点了点头,指着那摞方砖说:"要打架?有本事把这摞砖一掌打碎!"

两方管事人被镇唬住了,面面相觑,没吭气。

单香陵道:"不行?那就看我的!"

这时,梅兰芳与尚小云在一旁低声打起赌来。梅兰芳说:"听说这单先生是有些来头。让我看至多也就打碎一半。"

尚小云道:"你门缝看人。这几块不禁他打!"两人嘀咕了一阵子,以一桌酒席为输赢。

这时,单香陵掖上袍襟,挽上袖子走到砖前,道了声:"各位看仔细了!"一掌落下,"哗啦"一声,九块砖一碎到底。

又有梅、尚二人从中调停,最后戏班子管事人冲着单香陵作了一揖:"瞧您的面子,按合同办,再在广和楼唱两个月。"

后来,经梅兰芳、尚小云荐举,富连成科班前来聘请单香陵做武功教师。单香陵慨然应允，并表示不取报酬："做个朋友捧捧场，我不是卖艺。"

单香陵进了富连成，"盛"字、"世"字辈的不少演员，如叶盛兰、叶盛章、肖盛萱、李世芳，以及梅兰芳和他的琴师徐兰源都向单香陵学过武术。梅兰芳还送给单香陵亲笔题字的扇子，与他合过影。著名演员叶盛长说："单先生拳械无不精到，尤其六合螳螂拳实在叫绝！我们好几个棒小伙子拿器械打他，总沾不上边。向他讨教，学什么教什么。谁若提到给钱，他反倒不教了。""盛"字辈的人对单香陵至今念念不忘。

单香陵在武林中的名望不胫而走，越传越响，广德楼也请他为师。

1933 年，北方国术擂台大赛在国民大学举行，各路英雄云集京华，都想一展风姿。27 岁的单香陵被人硬拽着参加了比赛，上场后，所向披靡，眼见头奖在握。

最后决赛对手是位国术名人之后——保定市形意拳家刘（正琴）拳师。这位国手虽拳脚厉害，终是年近半百，体力抵不过风华正茂的单香陵，几个回合过去，便感到力不从心，让单香陵占了上风。

单香陵记起临上场时主持人胡老道、裁判尚云祥的叮咛："你才 20 余岁，还年轻，来日方长。他已经 48 岁了，你手下留情，别让他一世英名栽在这里。"单香陵便虚晃一拳，收步退场，甘居第二。

单香陵在北平武林中以慷慨义气、专爱打抱不平出名，地痞、流氓、恶棍见了他望风而遁，武林中的朋友遇到困难也愿请他分忧相帮。只要占理，他笃定是当仁不让，奋不顾身。

"七七"事变后，有个武林中的败类仗势欺人，意欲独霸一方，四处踢场子。有一次被单香陵碰见了。他把主人拉到身后，挺身而出："你别欺负老实人，有本事跟我来！"

来者不善，那人已觉察到单香陵不是等闲之辈，便说："没你的事。"

单香陵道："我既然在这里做客，这里的事就是我的事！有话冲我说吧！"说罢，上前交起手来，只一招"螳螂点睛"，便把那人打昏在地。

当时，有些阔少专爱找有名望的老拳师比试，以提高自己的身价。拳师杨禹庭常到中山公园教拳，有个恶少凑上前去一边练，一边说风凉话："练了些啥？跟师娘学的？"蓄意挑衅。

杨拳师为人忠厚，置之不理。恶少却不识好歹，步步紧逼。

疾恶如仇的单香陵听到这事后，勃然大怒，来到中山公园杨拳师的场子边上一坐，一声不吭。不一会儿，那恶少又带着徒弟来了，一看单香陵在那里，厚着脸皮上前施礼、问候。

单香陵把眼一瞪："听说你骂杨先生是跟师娘学的，是吗？你专在他场上练是什么意思？告诉你，北京城藏龙卧虎，人上有人！从今日起，哪儿清闲到哪儿练去——兔子还不吃窝边草哩！"

恶少见"闲都管"发了火，赶忙俯首帖耳地连声赔礼道歉："是，是！从今日不在这儿练了。"说着，领着徒弟灰溜溜地走了。

又一次，第一国术社社长武丕卿被一武林败类打倒在场地上。单香陵路见不平，挺身而出，将败类三拳击倒。当帮凶们唤来伪警时，单香陵已打出重围，越墙而去。

"梁园虽好，不是久恋之乡。"1948 年，单香陵因感于战乱频仍，取"大乱离城"的古训，由哈尔滨回原籍黄县务农。

中华人民共和国成立后，在 1952 年山东省举行的第一届民族武术运动会上，单香陵的一趟六合螳螂拳表演，赢得少林高手许世友将军"正宗正派"的喝彩称道。

运动场上，有个运动员髋关节脱臼，又痛又急，单香陵上前三两下就给对好了。从那以后，人们风传他得过高人指点，骨头断了也能接，越传越神，找他正骨拿环的渐多。开始他是义务行医，分文不取，后因应接不暇，只好于1960年与著名书法家山之南等在县城立了个门头，他行医，山先生卖字、刻印章。

单香陵正骨拿环的医术确实精绝，开业后门庭若市，经济收入相当可观。只因他粗豪豁达，又好疏财，当日挣的当日光，几年下来囊空如洗。

其时，中央某部副部长陈（黄县城关镇人）与单香陵同是丁子成的门生，多年一直友好往来。20世纪60年代初，陈曾替单香陵招过不少徒弟，使六合螳螂拳在京城传播，并鼓励单为后人留下拳术专著。1963年，单香陵被聘为北京市武术协会会员。

1964年，单香陵离开挂牌行医的县城，回村参加农业劳动。晚年的单香陵，偏好运动，却深居简出；急公好义，却落落寡合。平日，他不串门子，不站街头，除应邀外出参加活动或治病外，即使城里赶集，也是遮颜过市，来去匆匆。在大庭广众场所，以及武林界的活动中，他从不多谈，很少议论评骘。但他外猛内慈，内心犹炽烈如火，仍保持着凌强济弱、打抱不平的本色，十里八村都知道他精于拳术，精到什么程度，谁也摸不着底细。

单香陵生活十分清苦，平日除了喝一点茶外，烟、酒不动，偶尔有人送瓶酒来，也都用在给人正骨外敷上了。逢上东邻西舍有事，他从来都是带头掏钱凑份子。"人穷志不短"是他的处世信条。当了政协委员、武协会员后，单香陵从没向组织上透露过一个穷字。他与许世友将军过从甚密，却从不接受将军的馈赠、资助，幸赖侄子单世基和亲友为他跑前跑后料理家务，方可度日。为传授技艺，他卖掉了全部家产，只身去了包头市。尽管生活艰苦，他还是"曲不离口，拳不离手"，闻鸡起舞，数十年如一日，从没间断练功。为练功方便，他把自己的房间打通，改作练功房，接收了张道锦等几十个徒弟，夏季，午休时教，冬天，晚上掌灯练。

因为手头拮据，处处节俭，徒弟们练功用的器械，多是他亲手制作的。大棍是他托人砍来蜡木杆子，自己整直，用油浸泡出来的。他招收徒弟分文不取，但有一条，要品质好。他说："我教武术为的是健身防身，不使民族武功断传。不能让品行不好的人学了去扰乱社会秩序！"

在20世纪60年代初期，单香陵到北京探望卧病在床的武林名师骆兴武。骆先生弥留之际对单香陵托付道："我有一个徒弟叫许世田，没学到多少东西就当兵去了。回来后，你收下他吧！拜托了！"

单香陵慨然应诺："你的徒弟就是我的徒弟，你放心好了！"

许世田服役期满，立即带着骆老临终留下的引荐信及与骆老的合影，千里迢迢来黄县投奔单香陵。

单香陵不食前言，收了许世田这个关门弟子，悉心而授，倾囊而传，从六合螳螂的来历讲起，讲到六合螳螂与梅花螳螂、七星螳螂的区别，并反复示范六合螳螂明刚、暗刚、明柔、暗柔的劲力，突出强调六合螳螂拳大舒大展、硬劈硬砸与动作迅速、变幻巧妙相结合的技击特色。最后，单香陵连铁砂掌、鹰爪功、阳刚掌、阴柔掌等独家绝招也和盘托出。

尽管如此，单香陵对弟子从没有过什么要求，许世田三赴包头市追随学艺，他每次都认真传授；可自己的事，就是连家务活也不让许世田干一点。

推己及人，润物无声。像许世田这样得到单香陵无私传授的人何止几个。单香陵的艺德在武林中堪称楷模。

单香陵在晚年基本上是半年乡居，半年外出，上海、天津、北京、济南等地，也不时有武林同道千里赶来登门造访、请教。

1979 年 10 月，山东省举行武术表演赛，特邀单香陵出席。亲友们都劝其偌大年纪不要参加了，他坚持要去，并载誉而归。他对亲友们解释说："年纪大是大了。只是眼下传统武术青黄不接，我这是承前启后，要给后生晚辈作作示范，表演一次少一次了……"

1984 年春，他因患胃炎住进包头市医院。去世之前，单香陵谆谆告诫后人：我国武术广无际涯，高深莫测，各家拳路珠光宝气，变幻无穷。继承、发扬这一传统遗产是每个炎黄子孙义不容辞的责任。你们要与武林同道一起做好这一工作，代我为国家的昌盛振兴多作些贡献。遗憾的是我笔录的拳术专著却未能成篇……

延至 3 月 5 日清晨，一代拳家单香陵溘然长逝，终年 79 岁。

王门"国术队"

岳少男　孙捷　郭文峰　张文兴

河南省新乡市有一支武术队，在每年该地举办的元宵节娱乐大会上曾屡屡获奖，它就是王门武术队。

王门武术队的前身——王门国术队，是一支具有扎实武术功底的勇猛强悍的队伍。早在20世纪30年代初，他们曾参加新乡专署、省会开封举办的武术擂台赛，多人榜上有名。抗日战争初期，这些血气方刚的中华男儿又参加了抗日部队，奔赴前线，在苏北鲁南一带与日本侵略者多次交手，立下了赫赫战功，因而闻名遐迩。他们中有的人光荣牺牲，有的人杳无音信。至今幸存者有田良、李永贵、罗文周、汪学思等五人，均已成了白发苍苍的耄耋老人。

威震卫水之滨

民国初年，王门村张鄂的伯父张有才，投师新乡县花园村武林高手范普安习武。张有才体高力大，又博学众长，不仅练就了"百步阴锤"

等过硬本领，而且学会了气势逼人的"黄龙转身"，这套功法如果用得准，可使百步之内的对手心颤身倾，一命呜呼。在张有才的影响下，王门村不少人爱好练武，逐渐形成一支武术队伍。

这支武术队拿手的是岳家拳。岳家拳古朴无华，桩沉步稳，势劲力猛，快速紧凑，既有御敌攻防之利，又益于强身健体、延年益寿。据田良老先生回忆，练功的时间和场地都有一定的要求，必须选在夜深人静之时，隐蔽恬静之处。他说："我们练功多在午夜后黎明前，到空旷的僻野去练。练功还要坚持'净身'，不行房事，才能出功夫，出成绩。范师傅经常告诫我们：'练武艺为的是抑恶扬善，除暴安良，防身健体，所以自己绝不许做坏事、恶事和丑事！'"

范师傅教练武功标准很高，十分严格，比如要求徒弟们练拳的目标是要能在井口上发功，使三丈深的水面溅花打旋才算到家。

范师傅的功底很深，有许多动人的传说。比如一天夜里，范师傅与家人刚刚入睡，朦胧中觉察到屋顶上有咯咯喳喳的响声。他说："不好！房上有人。"便翻身抓起一丈九尺长的绳鞭，占据门槛，朝屋檐上猛扫过去。随着鞭响，扑扑通通掉下几个罩眼蒙脸的人来，一个个伏在地上连连求饶。经盘查，原来是山东响马慕名到此打探虚实。

起先，王门的武术队都由范、张二人单身传授，以后改由范普安的儿子范同文、范同斌执教。范同文有文化，教过书，文武双全，又讲江湖义气，每年村里及方圆左近都有大批青年来拜师学艺，少则二三十人，多则四五十人。尽管有些人坚持不下来，但师傅始终循循善诱，每节套路皆指导规范，要求严格，又有完整的拳谱套词，所以长年累月，持之以恒，培养了一大批武功高强的青年。王门国术队在新乡县北、专署腹地渐渐有了名声，以至威震卫水之滨。

打擂载誉而归

名师出高徒，勤奋出成果。1935 年 7 月初，王门国术队选派了张鄂、许垒、田良、李清香、李文显、李庆功、许天棚一行七人，去参加新乡专区举办的武术比赛盛会。这批选手刀枪棍棒、擒拿格斗样样娴熟，能攻能守。

当年，会址设在新乡县城东关饮马口教场，这个广场非常宽阔，面积 300 余亩。广场中间摆下圆形擂台，高五尺有余，直径五六丈，是聚土成堆夯砸而成。台上用白灰涂了圆圈，比赛时把对手打出圈外者为胜。擂台一边设有更衣棚，参赛人赛前都要到这里换上黑色棉耳帽、黑衣裤，还要戴上棉手套。擂台北边是主席台，背北面南，上面悬挂着"第四专署国术比赛"的横幅。在台上就座的有主持人新乡专区公署专员唐肯等，还有范普安、郭志军二位裁判。擂台四周排列着专署所辖 14个县的武术代表队，有五六百人。围观群众里三层外三层，人山人海，场面十分热烈隆重。

比赛项目主要是拳术、刀术和枪术。为了安全，所用器械均非真刀真枪。"枪"，用白蜡杆代替，一头缠扎布疙瘩，涂白灰粉；"刀"，也用木棍代替，缠布头，涂白粉。拳击双方必须戴棉手套。击中部位也有严格限制，不准打脸和心口，也不准撩裆，上场赛手只按个头高矮编组进行，不分重量，不记时间，三局两胜制。比赛程序是先拳术，次枪术，后刀术。

开赛时，王门张鄂对坛后李文海。他俩势均力敌，劈锤太平拳交互使用。劈锤力如泰山压顶，劈杀冲腾似猛虎下山；太平拳曲脚横撞，躲闪腾挪如蛟龙翻滚。双方斗了三个多小时不分胜负，被评为双胜。枪术决赛，许垒没几个回合胜了李庆功。田良使用守根扳梢战术，最后一手死鸡拧头击败对手……擂台四周人头攒动,掌声、笑声、喝彩声此起彼落。大赛结果,张鄂荣获冠军,李文海亚军,许垒第三名,李庆功第四名。大会组委会颁发了大量奖品,计有县党部锦旗一面,铁道部银盾一个,还有朱仙剑一口、大刀两把、单刀四把、虎头钩一对、玻璃匾一块。选手们个个精神抖擞,一时间,群情激昂,场面极为热烈。

王门的乡亲们听说自己的国术队载誉归来,个个喜形于色,奔走相告,立刻组成欢迎队伍到南地四里外的十字路口迎接。为了庆贺武术队大赛胜利,乡亲们专门从辉县接来戏班,唱了三天大戏。从此,青年们习武的劲头儿更大了。

第二年春天,许天棚、许垒、张鄂、李清香等人又赴省城开封,参加了河南省举行的武术大赛。许天棚刀、枪、拳、棍各单项武技均列榜首,只可惜武打赛后还有一次文化考试,他却一个大字不识,结果屈居亚军。

从戎奔赴前线

1937 年冬,日本侵略军沿京汉、京浦两线猖狂南侵。国民党政府为补充兵员,既征兵又抓丁,王门国术队的青年大都在被征之列。当时,适龄男青年都必须参加抓阄儿,一旦抓住立即入伍,而大户人家有钱有粮,即使应召也可以拿钱买壮丁代替。这时,范同文、范同斌也在招兵买马,穷徒弟们感到在家乡终究不能存身,还不如跟着自己的师傅,一来有个依靠照应,二来家人比较放心。他们就这样在民族生死存亡的紧要关头,离开了养育自己多年的家乡和父老乡亲们。

他们在新乡被整编入豫北国民党二十军团十三军一一〇师下属的三营九连,因为这连人大都会武术,就叫"国术队"或"国术连"。当时招人的豫北司管区负责人说"咱们绝对不过黄河",但刚刚换上军装,队伍便沿铁路南行，跨过黄河，到达巩县（现巩义市）。部队到汝州时正是大年三十，驻扎十余天后又向东开去，经许昌、周口和安徽涡阳至江苏荣城，徒步行军千余里。不久，即乘火车北上，过徐州深入抗日前线。这时日军飞机频繁轰炸，大炮不断轰击，还断续有机枪、步枪的射击。

上级原来许诺，上前线的每个士兵要配备一支步枪，一支手枪，一支明条枪（白蜡杆红缨枪），四颗手榴弹。但因运输线被炸断，武器装备均难接济，每人只发给一支红缨枪和四颗手榴弹，便匆匆上阵了。一路上鸡犬不闻，人影不见，沿途屋舍残垣断壁，弹痕累累，一片惨象，目不忍睹。此情此景更增添了人们对日本强盗的无比仇恨。

血战韩庄车站

1938 年农历二月二十日前后，上级命令三营九连夜袭日军盘踞的一个据点——徐州以北约 50 公里处的韩庄车站。晚 9 时，他们悄悄接近了车站外围的第三道铁丝网，正要埋伏隐蔽时，日军似发现了情况，轻重机枪不停地扫射。他们趴在地上，一声不响，一动不动。据参加正面冲击的八班班长李永贵回忆："密密麻麻的子弹疯狂地向我们飞来，掠过头顶，甚至擦过耳旁，啾啾作响。几个战友牺牲了！待枪声稍一停，连长下达了攻击令。一声'冲啊！'四周战士霍地跃起，奋勇冲杀。连长范同文挥起战刀，首当其冲，一纵身跃过 2 米高的铁丝网，冲入敌群，跟敌人白刃厮杀起来。他虽个头不大，但很敦实，勇猛果敢，我亲眼见他战刀一挥，鬼子人头落地。日军眼睁睁看着面前这位勇士，像受惊的野狼只顾架隔截拦，招架躲闪，举枪盖头，争相后退。杀了一阵后，我们暂时退出阵地，只见连长浑身是血，头上、脸上、手上沾满了脑浆血迹，只有两只忽灵灵的眼睛在夜幕中闪烁。他气喘吁吁，断断续续地说：'可累坏我了！'我说：'你可杀死不少。'他说：'总有一二十个。'这时，各路兄弟班排攻杀正酣。他不顾疲惫，立刻又冲了进去，可再也没有出来！"李永贵说到他自己："我也冲上去跟鬼子交上了手。其中一个家伙用带刺刀的长枪向我直冲，我趁机挥起白蜡杆红缨枪，一个劈枪下去，迎面朝他枪托上一震，将鬼子的枪打落下来。他掉头就跑。我想着他手里已经没家伙了，还追他干啥，于是就掇起他丢下的盖板枪退出了战场。"

同李永贵一起冲进去的司务长许振汉，武艺高强，勇敢机灵，手脚麻利，已经扎死了好几个日本兵。可是，他撤退时却有一个鬼子兵尾随追来。就在日本兵快追上他的刹那，许振汉猛然掉头挥枪直捣那家伙胸膛，弄他个仰面朝天，不能动弹。事后，战友们都称赞许振汉这一手"回马枪"用得好！

"国术连"攻击的另一个突破口，是铁道西侧的外围小炮楼。日军吓破了胆，没放几炮便弃楼而逃，炮楼里只剩几条长枪和少量弹药。一排战士汪学思回忆说："我们乘胜追击，越过几道铁轨，把鬼子挤到售票房门口，短兵相接混战起来。由于我们地理不熟，在伸手不见五指的黑夜里，敌人一个个钻进了脚下的地道。我们发现了道口，用手榴弹像雨点般地往里炸。地道并不深，上面仅以枕木覆盖，我们几个勇士跳下去，尾追刺杀，捅得鬼子叽里哇啦乱叫。可惜这地道弯弯多，有些鬼子兵还是从另外的道口逃命了。"

"国术连"美名流传

攻克韩庄车站不久，全军奉命追击日军一股坦克部队，三营九连仍打头阵。他们午饭后出发，日本兵闻风丧胆，依靠乌龟壳狼狈北窜。我方一直追赶了一个昼夜，行程百余里，收复了许多城镇和村庄，日军几乎一枪没还。正当大家士气旺盛乘胜追击时，上级不知为什么下了撤退令。士兵们很不服气，纷纷埋怨："谁下的命令，不叫打了，也不叫收缴武器，龟孙子！"

嗣后统计，全连官兵死伤大半，其中连长阵亡，班排长也大部分牺牲，放哨的二排六班仅剩两人。此后，又换了两任连长，但都不敢带领三营九连，说："他们尽是师兄弟、父子兵，人心齐，有武艺。"后来，上级决定把这个连拆散，有的被编入别的连队，有的到后方集训，从此威震敌胆的"国术连"不复存在了。可百里村民一时间街谈巷议，到处都在赞扬"三营九连"有勇气，有本事，打得好，解了恨！说他们杀了鬼子威风，长了百姓志气。

有一天，李永贵他们在一个乡村小饭馆吃饭时，几个老乡看他们身穿军服，便问是哪一部分的。"三营九连的。"他们回答。那几个老乡马上伸出拇指连连称道："你们武艺好，打得痛快！这一下可把狗日本给治痛啦！"

后　记

历经了几十年的沧桑历史，当我们几经周折找到这几位当年擂台上一展雄风、沙场上冲锋陷阵的勇士时，他们经历的幕幕往事历历在目，记忆犹新，他们的言谈中无不流露出对日寇的无比仇恨与蔑视。他们用自己的亲身经历教育着一代又一代人。

三营九连中王门人在韩庄车站战斗中牺牲的有汪守琚、张克威、许垒三人；负伤后在送往后方的途中被日军空弹炸死的有张鄂、张香二人；调别的连队后一直无音信的有罗志周、贾文明等三人；送后方后无音信的有张文来、张文成二人；采访时健在的有李永贵、罗文周、汪学思、许天顺（迁外住）四人，参加了一一〇师而未上火线的有许天棚、李清香二人。田良未参加抗战。

张之江与中央国术馆的创建

———

赵荣林

张之江先生，字子姜，河北盐山人。1924年第二次直奉战争时期，张之江在西北军总司令部任总指挥（冯玉祥将军任总司令）。当时，西北军总司令部武术总教官马英图组织了大刀队（亦称"敢死队"），在攻打天津的攻坚战小创奇勋，这给张之江以很大鼓舞，使他对武术的认识有了很大提高，特别是当时外国列强在我国培植各自势力，对我国进行瓜分；而国内各军阀间又连年混战，人民涂炭，使张之江萌生了依靠武术来"强种救国"的思想。南口战争奉系惨败，更使他认识到以武术壮军壮国的迫切，开始跟其副官李元智、军法处长马凤图（近代著名武术家马英图之兄）习拳练武。军旅生活和个人武术实践，使张之江对武术功能和作用的认识得到了升华。自此，他开始把武术这一民族瑰宝视为"军之胆""国之魂"，以"唤醒黄帝子孙，强我宗族，壮我国魂"为己任，在马英图的协助下为创建国术馆而四处奔波。

从1926年起，张之江先后漂洋过海，到新加坡、东南亚诸国，以及中国香港等地进行筹款游说。各地爱国华侨在他的感召下,慷慨解囊,捐款 40 万大洋支持他的武术事业。他还在上海、南京等大城市进行宣传鼓动,得到社会各界人士的大力支持。经多方资助,积极筹备,中央国术馆终于于 1928 年在南京成立了。

奥运史上的中国第一次

陈 剑

2008 年第 29 届夏季奥运会即将在北京举办。回顾中国人参与奥运的历史，对"百年奥运，中华圆梦"会有更深刻的理解。

张伯苓：中国第一个提出参加奥运会的人

中国人最早提出参加奥运会、加入国际体育大家庭的，是中国近代著名教育家张伯苓。张伯苓，1876 年生。1892 年入北洋水师学堂学习。甲午海战时，18 岁的张伯苓正在北洋水师学习驾驶，作为未来的帝国海军军人，甲午战败的耻辱强烈地震撼了他的心。他开始怀疑：军事救国是否走得通？他认为，要救国首先要唤醒民众，要强国必须办教育。

1904 年，张伯苓考察日本教育归来后，在天津创办了私立敬业中学，这就是著名的南开中学和南开大学的前身。以后，他又先后创办了南开中学、南开大学、南开女中、南开小学和重庆南开中学，亲任校长近 50 年，培养了大批优秀人才。周恩来、陈省身等都是他的学生。

张伯苓把体育看作教育的一个重要方面，他认为体育是根除中华民族贫、弱、愚、私、散五病以雪耻自强的重要方法之一。"不懂体育，不能当一个好老师、好校长。"张伯苓不仅在办学之初就设立了体育课程，同时明确规定体育测验不及格，或者高中三年级以前不习满规定体育课学时的学生不能毕业。

1907 年 12 月 24 日，这是中国体育史上一个值得记忆的重要日子。天津第五届学校联合运动会在刚刚改组成立的南开中学运动场举行颁奖仪式，张伯苓作为南开中学校长发表了热情洋溢的讲话。他说："此次运动会的成功，使我对中国选手在不久的将来，参加奥林匹克运动会充满希望。奥运会期间，虽然许多欧洲国家奥运选手技术水准很差，得奖希望渺茫，但他们仍然派选手参加。照此看来，我国应立即成立一支奥林匹克代表队，目前最需要的是加紧训练，指导运动员提高技术水准……"张伯苓第一次提出了中国人应该参加奥运会，表达了中国希望进入奥运大家庭的愿望。

正以此为基础，第二年，天津基督教青年会的刊物《天津青年》5号，在一篇由基督教青年会体育干事所撰写的文章中，向全体中国人提出了三个问题：中国运动员何时才能参加奥运会？中国运动员何时才能获得奥运奖牌或是金牌？中国何时自己举办奥运会？这就是中国参加奥运会的三大企盼。作为一个奋斗目标，到 2008 年，整整用了 100 年时间，中国人完成了这三大愿望。

张伯苓 1951 年 2 月 23 日因病在天津逝世，享年 75 岁。

王正廷：中国第一个国际奥委会委员

王正廷（1882—1961），字儒堂，浙江奉化人，著名体育家。14 岁即入天津北洋大学堂，毕业后赴日本留学，并加入同盟会。26 岁始留学美国，获耶鲁大学博士学位。中华民国成立后，王正廷在政界担任多项要职，包括南京国民政府外交部长、驻美国大使等。值得一提的是，王正廷 1919 年在担任巴黎和会全权代表时，拒绝在巴黎和约上签字，一直为人们所称道。

王正廷虽然身居政界要职，但一生热衷于体育事业，致力于奥林匹克运动在中国的开展，成为近代中国著名的体育领导人。从 20 世纪初，王正廷就参与了当时基督教青年会的体育传播活动，1911 年，他和基督教青年会亚洲体育干事一起组织发起了"远东体协"，并亲自参与了从 1913 年开始的历届远东运动会的组织筹备工作，担任重要领导职务，并且是主要赞助人之一，曾担任第二、第五、第八届远东运动会会长。由于他与国际体育界良好的关系以及对中国体育发展所作出的巨大贡献，1922 年，由民国著名外交家顾维钧推荐提名，王正廷当选为国际奥委会委员，成为中国历史上的第一位和远东地区的第二位国际奥委会委员。中国和国际奥委会自此建立了正式的联系。

王正廷当选为国际奥委会委员后，发起成立了中华全国体育协进会，并且在 1931 年国际奥委会上正式承认中华全国体育协进会为中国奥林匹克委员会。1936 年 8 月 1 日至 16 日，他还以总领队的身份率领中国体育代表团先后参加过第十一届和第十四届奥林匹克运动会。王正廷 1952 年定居香港，任太平洋保险公司董事长，1961 年 5 月在香港病逝。

宋如海：第一位代表中国参加奥运会的正式代表

中国人首次出席的奥运会是 1924 年在巴黎举办的第八届奥运会。在这届奥运会上，中国有三名网球选手在澳大利亚参加"戴维斯杯网球赛"后，自行去参加了奥运会的网球比赛，预赛时即被淘汰。虽然这三名运动员并没有得到中国政府批准，但这却是中国人首次出现在奥运会赛场上。

1928 年，第九届奥运会在荷兰阿姆斯特丹举行，中华体育协进会受到大会邀请，请中国体育界派代表出席这届大会观礼。但是，此时的中国财力匮乏，在一番斟酌之后，中华体育协进会作出了一个折中的决定：中华体育协进会向奥林匹克运动会发贺电，同时体育协进会领导人王正廷致电正在美国考察国民体育教育的宋如海，请他出席大会，并考察各国运动水平。就这样，一场财政拮据而导致的尴尬因此化解。宋如海也就成为第一位代表中国参加奥运会的正式代表。

宋如海（1890—1958），安徽怀宁人，毕业于金陵大学。受西方文化影响，他从小喜爱现代体育，经常参加足球、骑马、体操、游泳、跳水等运动。1916 年任武昌基督教青年会干事，后升为总干事，积极提倡发展体育运动，同时四处奔走呼吁各界重视体育事业。当时，全市还没有联合性的体育组织，武昌青年会实际上起到了联合体育组织的作用。此后，宋如海一直是活跃在武汉乃至全国体育界的重要人物。

1923 年，湘、赣、皖、鄂四省代表集会武昌，组成华中体育联合会，宋如海主持日常工作。该组织后改为华中体育协进会，宋如海任总干事。

1928 年，受中华全国体育协进会委派，宋如海作为中国观察员赴荷兰出席阿姆斯特丹第九届奥林匹克运动会。他深深地感受到了各国体育健儿积极奋进、争夺锦标的昂扬精神。而这种精神对于中国人来说十分必要。他决心将奥林匹克介绍给中国大众，以激发民族改变落后面貌的自信力。1930 年，商务印书馆出版了宋如海编著的《世界运动会丛录》一书，对奥运会进行了全面介绍。他将该书的副名题为"我能比呀"，并在扉页上写下一段话："'我能比呀'虽系译音，亦含有重大意义，盖所以示吾人均能参加比赛，但凡事皆需要决心毅勇，便能与人竞争。"
这是中国第一部介绍奥运会的专著。

刘长春：中国第一位参加奥运会的运动员

1932 年，第十届奥运会在美国洛杉矶举行。中国首次派出了一个由六人组成的代表团参加这届奥运会，代表团中仅有一名运动员，就是刘长春。这也是中国首次正式派出运动员参加奥运会比赛，开创了中国参加奥运会的历史。

刘长春，辽宁金县人。1927 年，刘长春在大连中华青年会组办的春季运动会上跑出了百米 11 秒的好成绩，其良好的运动天赋后来被东北大学发现，接收他进入该校体育系学习。"九一八"事变后，东北三省落入日本铁蹄之下，东北大学也因此迁到了北平。1932 年，日本扶持了伪满洲国傀儡政权，阴谋计划让刘长春参加 1932 年洛杉矶奥运会，派人三番五次到刘长春家里，要刘父写信让刘长春回大连。刘长春在天津《大公报》发表声明："苟余之良心尚在，热血尚流，又岂能忘掉祖国，而为傀儡伪国做牛马？"在张学良将军赞助下，经过中华全国体育协进会董事王正廷、张伯苓的努力，向国际奥委会为刘长春报名，这样刘长春得以代表中国参加第十届奥运会。原计划与刘长春一道参加洛杉矶奥运会的还有另外一名东北运动员于希渭，但由于于希渭当时在大连，已经被日本当局监视，无法前往北平，刘长春只得只身一人前往参加比赛。

1932 年 7 月 30 日，第十届奥运会举行开幕式，会场周围飘扬着 50 多个国家的国旗。在全场十多万名观众欢声雷动中，2000 多名运动员按照国家顺序依次进场。中国队排在第八位入场，在刘长春手执大旗先导下，后面跟着宋君复、沈嗣良、申国权、刘雪松，以及一个临时找来的美国人，共六个人组成了代表队。在这届奥运会上，刘长春先后参加了100 米预赛和 200 米预赛，但都没有获得决赛资格。由于没有训练场地，刘长春决定放弃第三项 400 米的竞赛。

尽管刘长春没有取得令人满意的成绩，但他的参赛，是中国运动员第一次真正参与奥林匹克运动会。近代以来一直饱受西方列强侵略、内乱不止的中国，终于步履艰难地开始迈向奥林匹克之路。

新中国成立后，刘长春在大连工学院（现大连理工大学）任教，1983 年病逝，享年 74 岁。

1936 年柏林奥运会：中国第一次组团参加奥运会

1936 年，第 11 届奥运会在德国首都柏林举行。在此之前，中华体育协进会已经正式向国际奥委会提出申请参加该届运动会。从 1934 年开始，各种筹备活动也开始提到议事日程上来，而当时的国民党政府对于此次参赛的态度还是比较积极，专门开会作了部署，并由财政部和行政院先拨款一部分，以便启动。

1936 年，中国体育代表团终于成立，中国体育代表团总领队为王正廷，总教练为马约翰，正式运动员 69 人，其中男子 67 人，女子 2 人，分别参加田径、足球、游泳、篮球、拳击、举重、自行车等项目的比赛。另外还有一个由 9 人（6 男 3 女）组成的武术表演团和一个由 37 人组成的赴欧洲体育考察团。经过一个多月的长途跋涉，中国体育代表团历经艰辛，在总领队、国际奥委会委员王正廷和国民党政府代表戴传贤的率领下到达柏林。到达奥运村后，就立即举行了升旗仪式。

1936 年 8 月 1 日，第 11 届奥林匹克运动会在柏林开幕，共有 53 个国家的 4000 多名运动员参加了此次运动会。开幕式后的比赛中，中国运动员面临的最大困难就是长途跋涉造成的体能消耗根本没有办法恢复，同时也没有热身的场地设施。因此，中国体育代表团的成绩相当令人惋惜，在第一天的首轮比赛中，中国运动员在 100 米跑、跳高、跳远、铅球几个项目的预选赛中纷纷落马，没有人通过首轮预选赛。

8 月 5 日上午，举行撑竿跳高项目的预选赛，撑竿跳预选赛的及格标准是 3.8 米，中国运动员符保卢在第二次试跳中，一跃而过，通过了预选赛，从而进入决赛。这也是这届奥运会上中国唯一一名进入决赛的运动员。但是符保卢在后面的决赛中被淘汰，最终排在第 14 位。

在后来举行的铁饼、跨栏、1500 米等项目的比赛中，我国运动员的运动技术和实力都与外国优秀运动员有较大的差距，在预选赛中均落选，中国代表团怀着黯淡的心情结束了此次奥运之旅。后来有一家报纸刊登了一幅漫画，画上是一个鸭蛋，讽刺中国代表团在奥运会赛场上的糟糕成绩。

但是本届奥运会中国体育代表团也收获了意外的惊喜——在武术表演中，中国运动员用精湛的技艺向全世界展示了中华民族的国粹，引起全世界各国的极大兴趣，受到各国的欢迎和称赞。

1952 年赫尔辛基奥运会：中华人民共和国第一次组团参加的奥运会

新中国成立之后，原中华全国体育协进会改为中华全国体育总会，并行使中国奥委会的权力。但在第 15 届奥运会之前，新的中国奥委会未得到国际奥委会的承认。由于台湾问题的存在，中国迟迟难以确认是否参加这届奥运会，在已与新中国建立外交关系的芬兰政府及其他友好国家的努力下，新中国在本届奥运会开幕前的国际奥委会第 48 届年会上终于取得了参加第 15 届奥运会的资格。

在第 15 届奥运会开幕的前一天晚上（7 月 18 日晚），中华全国体育总会终于接到赫尔辛基奥运会组委会主席的正式邀请。临行前夜，周恩来总理亲自会见了中国体育代表团团长和副团长，特别指出："到达赫尔辛基正式比赛赶不上了，可多进行友谊赛，要积极参加友好活动。通过你们的工作和运动员的精神面貌去宣传新中国。总之，重要的不在于是否能取得奖牌，在奥运会上升起五星红旗，就是胜利。"

1952 年 7 月 29 日 12 时 30 分，中国体育代表团在奥运村举行了升旗仪式，雄壮的《义勇军进行曲》第一次在奥运村内奏响，中华人民共和国的五星红旗在国歌声中冉冉升起。由于比赛已接近尾声，新中国代表团一行 40 人赶到赫尔辛基时，大会已进行了 10 天，仅有游泳运动员吴传玉参加了 100 米仰泳预赛，成绩为 1 分 12 秒 3，这是新中国运动员在奥运会中的第一个纪录。而足球队和篮球队未能参加正式比赛，后来与芬兰的球队进行了四场友谊赛。在这期间，中国运动员与各国运动员广泛进行交流，还参加了有 1.5 万名芬兰青年和世界各国运动员参加的联欢大会。

尽管新中国首次参加奥运会历经艰难，也没能取得好的运动竞赛成绩，但飘扬在奥运会会场上空的五星红旗，向全世界表明了中华人民共和国参与奥林匹克运动的良好愿望。

杨传广：中国第一个获得奥运会奖牌的男运动员

中国第一位在奥运会比赛中获得奖牌的运动员，是来自中国台湾地区的杨传广，他在 1960 年第 17 届罗马奥运会上，为中国台北代表团在十项全能项目上获得一块银牌。

杨传广是台东人，出生于 1933 年 7 月 11 日，洛杉矶加州大学体育系毕业。1954 年，杨传广在马尼拉亚运会上以 5454 分拿下田径十项全能冠军，一鸣惊人。1960 年第 17 届罗马奥运会上，十项全能是田径比赛中争夺最激烈的项目，参赛的有当时"三杰"之称的美国运动员拉·约翰逊、苏联运动员瓦·库兹涅佐夫（杨传广在洛杉矶加州大学体育系的校友）和中国台北运动员杨传广。自 1955 年以来，十项全能世界纪录的争夺就在约翰逊和库兹涅佐夫之间形成拉锯战，纪录几度相互易手。1960 年奥运会前约翰逊创造了 8683 分的世界纪录。杨传广当时虽然还没有进入争创世界纪录的行列，但他已经是个很有威胁的人物。

"三杰"罗马相逢，竞争立即白热化。杨传广发挥不错，战胜了库兹涅佐夫，但以 58 分之差输给了约翰逊，只赢得了银牌。他是中国第一个获得奥运会奖牌的人，也是亚洲在这次田径赛中获得奖牌的唯一选手。

罗马奥运会后三年即 1963 年，杨传广以 9121 分打破了约翰逊保持的 8683 分的世界纪录，得到了"田坛之王"的美誉。

2007 年 1 月 27 日，杨传广因病在美国加州辞世，享年 74 岁。

纪政：中国第一个获得奥运会奖牌的女运动员

中国第一位在奥运会比赛中获得奖牌的女运动员，是来自中国台湾地区的纪政。她在 1968 年墨西哥城举办的第 19 届奥运会田径比赛中，获得 80 米栏铜牌，成为中国在奥运会上首次获得奖牌的女运动员。

纪政 1944 年 3 月 15 日出生于台湾地区新竹县关西镇，祖籍福建晋江。纪政家境贫困，3 岁之后就被送到山上的农家当养女，童年生活相当困苦。14 岁时，由于在运动会上田径成绩优异，她才逐渐走上田径运动员之路。她自幼喜爱跑跳，在中学时期就显露出卓越的田径才华。1963 年，她获得台湾地区女子五项全能冠军。纪政在台湾地区运动会上表现出色，被美国著名教练员瑞尔看中，便把她带到美国并亲自指导她的训练。1964 年，她参加了在美国加利福尼亚举行的南太平洋女子五项锦标赛，夺得冠军。1968 年，获奥运会 80 米栏铜牌，纪政在这届奥运会中未能取得更出色的成绩，但两年后，她成为世界知名运动员。1970年六七月，在美国波特兰，她六次打破或平了以下世界纪录：100 码，10 秒，破世界纪录；220 码，22 秒 7、22 秒 6，破世界纪录；100 米栏，12 秒 8，平世界纪录。同年在慕尼黑举行的国际比赛中，她又打破了200 米跨栏比赛的世界纪录。在一个多月时间里取得如此丰硕的成果，这在世界女子田径史上是极为罕见的。

1970 年，世界女子田径共创 7 项世界纪录，纪政独占 5 项。从 1964年到 1970 年，纪政共 44 次创亚洲纪录，获得"东方羚羊""世界女飞人""短跑女王"等美名，国际体育新闻界把 1970 年称为"纪政年"。法国《运动》杂志评选她为"世界最佳运动员"。1987 年纪政获国际田联特别奖章，1993 年获国际田联元老奖章。2003 年，她出版了自传《永远向前——纪政的人生长跑》。

纪政 1973 年毕业于美国加利福尼亚工艺大学，获体育学学士；1974—1975 年，任美国瑞德大学田径教练兼女子体育组主任；1976 年，任台湾地区田径协会总干事。近年来，纪政一直为两岸体育界的交流积极努力，并作出了重要贡献。

许海峰：中国第一个获得奥运会金牌的运动员

1984 年 7 月 29 日，这是中国体育历史上一个值得纪念的日子。位于洛杉矶市郊的普拉多娱乐区射击场，成为举世瞩目的焦点，第 23 届奥运会首枚金牌将在这里产生。

美国洛杉矶，一个让所有中国体育人百感交集的城市。52 年前，刘长春只身一人参加的那届奥运会已经成为历史。52 年后的同一地点，强大的中国体育代表团又一次踏上了这片土地，鲜艳的五星红旗高高飘扬在奥运会的会场上。

根据大会赛程的安排，第一块金牌将在男子手枪 60 发慢射这个项目上产生。当时在世界上默默无闻的中国选手许海峰参加了这个项目。在简易的普拉多射击场，许海峰不畏强手，沉着应战，经过紧张激烈的角逐，最终以 566 环的最好成绩战胜诸多世界名将，摘得本届奥运会的第一块金牌，实现了我国自 1932 年参加奥运会以来奥运金牌"零的突破"。

许海峰，1957 年出生于福建，孩提时曾获得"弹弓王"的美称。1972 年，他随父母回到原籍安徽省和县。许海峰曾在地区业余体校射击班接受过射击培训，1982 年 11 月进入安徽省射击队，开始正规训练。三个月后，他在华东区射击赛上，一举夺得气手枪冠军并打破全国纪录。接着，1983 年 9 月在南京举行的第五届全运会决赛中他又摘取了气手枪和手枪慢射两枚银牌。1984 年初，他入选国家队后，射击成绩屡次逼近 582 环的世界纪录。

许海峰的胜利，使奥运赛场上第一次升起五星红旗，第一次奏响《义勇军进行曲》，中国人 52 年来无颜面对的零的屈辱所饱含的辛酸与苦痛一扫而光，全球炎黄子孙都为这一胜利而由衷地欢呼雀跃。国际奥委会主席萨马兰奇也不无感慨地说："这是中国体育史上最伟大的一天，我为能够亲自将这块金牌授给你们而感到荣幸。"

父亲刘长春的奥运情怀

———

刘鸿图

1983 年 3 月 21 日——父亲走了，走得是那么的平静、安详。这一年父亲 74 岁。25 年过去了，我思念我的父亲，这种思念之情随着 2008 年北京奥运会的临近，与日俱增。

从父亲 1932 年代表中国首次参加在美国洛杉矶举行的第十届奥林匹克运动会算起，到父亲病逝，51 年过去了。在这 51 年中，父亲与中国的奥林匹克运动结下了浓浓的情谊。

单刀赴会

1896 年第一届奥林匹克运动会在希腊雅典举行。从那以后，每四年举行一届，到 1928 年总共举行了九届奥运会，中国都没有派运动员参加，只在第九届奥运会上派了一名观察员宋如海前往荷兰首都阿姆斯特丹观摩。1932 年 7 月，我父亲断然拒绝代表日本扶持的伪满洲国参赛，克服种种困难，在张学良将军的资助下，孤身一人远渡重洋，代表中国前往美国洛杉矶参加了第十届奥林匹克运动会。关于这一段历史，父亲曾经写过一篇《我国首次正式参加奥运会始末》，刊登在全国政协《文史资料选辑》第70辑上。父亲也曾跟我讲过，在他赴美乘坐的威尔逊总统号邮轮上的乘客，绝大部分是西方人，父亲在船上为保持体力，进行一些恢复性的练习，西方人却投来鄙视的目光。父亲说，在这些"洋人"面前，决不能示弱，越是鄙视，他越要练习。父亲还讲过一件事，在船上吃饭时，因为不懂英文，但为了维护中国人的声誉，在菜单的上行、下行各要了一个菜，结果，上来的全是汤。

7月30日下午，第十届奥运会举行开幕式，按英文字母的第一个字母排序，中国第八个入场。父亲在谈到开幕式时说："宏伟的洛杉矶体育场可坐10万多人，显得很大，坐满了观众，由六人组成的临时队伍，越发显得渺小。"这六人当中，父亲是旗手，领队沈嗣良，教练宋君复，留美学生刘雪松，旅美教授申国权，美籍人士托平，这个托平还曾代表另一个国家参加过一次奥运会的开幕。父亲很担心观众看到由六个人临时组成的队伍会嘲笑和挖苦。但当父亲举着国旗步入会场时，"国旗飘处，观众莫不表示欢迎"，父亲受到了震撼，没想到会有这种场景出现，充分显示了奥林匹克运动的力量。父亲在这届奥运会上没能取得好成绩，正如父亲在奥运日记中写道："惜舟行劳顿，缺少练习，未能上名。设抵洛杉矶再有一星期之加油，或不致名落孙山乎？"但却深深地感受到了奥林匹克大家庭的温暖。

父亲跟我谈过，奥运会期间在一个中午搞了一个冠军叙餐会，父亲被特别邀请参加。当介绍我父亲是中国唯一的参赛运动员时，大家起立，一一同我父亲握手，然后报以热烈的掌声，父亲说又受到了一次感动。在美国洛杉矶期间，父亲还亲身感受了"团结、友谊、和谐"的奥林匹克精神，许许多多动人的情景令父亲难忘。在到达洛杉矶的那天，沿途有美国朋友夹道欢迎，在奥运村许多外国朋友遇到父亲总是恳求签名留念。有的热情地拍着父亲的肩膀，赞扬："你代表中国，好！好！好！"并为中国不能多派选手感到遗憾。父亲还和我讲了这样一个故事：在美国期间父亲参加了世界青年辩论大会，第二天上午，各国代表就像庆祝胜利一样，聚在一起联欢，一起散步聊天。一位美国女青年，十八九岁，说一口流利的中国话，她不时地与我父亲交谈，关切地问到中国在战争中的遭遇，谈起中国的风土人情，也谈到妇女的解放和婚姻问题。快要分手时，她忽然问我父亲："你结婚了吗?"我父亲回答："我已经是两个孩子的爸爸了。"这使她十分惊奇，接着又笑了笑说："希望你有机会再来美国，到我家做客，我们永远友好下去。"此刻，父亲感到世界人民之间的友谊太珍贵了。在远隔万水千山的异国之土，在波涛滚滚的太平洋彼岸，竟有这么多热爱和平、主持正义的朋友，在关注着中国的现状，关怀着中国的前途，这给了父亲很大的鼓舞。

1932 年 8 月 21 日，父亲乘美国"柯立芝总统号"轮船起程回国。在茫茫的大海上，父亲说他凝视着祖国的方向，想了很多问题，其中最重要的是两个问题，用父亲的话说就是：什么时候中国的运动员也能在奥运会上夺金牌，让中国国旗也在奥运赛场上升起，中国的国歌也奏响在奥运赛场上；什么时候祖国富强了，能在自己的土地上举办一届奥运会，那该是多么自豪和幸福的事啊！

壮志未酬

参加完第十届奥林匹克运动会回国后，父亲为了实现在奥运会上的承诺，仍坚持以业余运动员的身份，刻苦训练，争取在下届奥运会上为祖国争光。父亲在 1933 年南京举行的旧中国第五届全运会上创造了赛跑百米 10 秒 7 的全国新纪录，并保持了 25 年之久，于 1958 年被解放军八一田径队梁建勋打破，父亲为此非常高兴，特拍电报以示祝贺。1934年父亲又代表中国前往菲律宾马尼拉参加第十届远东运动会。1935年在上海举行旧中国第六届全运会，父亲参加了这次运动会。在上海期间，父亲在《体育》杂志上发表《运动场上十二年》一文。父亲出自对奥林匹克运动的热爱，在文中写道：

> 明年在德国柏林举行的世界运动会，转瞬又快到了。在发扬我国的体育精神和在国际宣传上，我希望国内负责这方面的人能够早日预备。我上次参加世界运动会的时候，动身的前两天才找到经费决定参加，时间真是太匆促得很，更谈不上什么预备。如果明年我们还准备参加的话，就应该立即预备，一年的时间实在是有限的。我个人的鄙见，以为假定我们明年预备派二十个人参加，便应该从这次大会中挑选一百多名以上来共同在统一组织之下加紧练习。练习的地点不出上海、南京、北平三处。南京的生活太枯燥，上海太繁华，最理想的地方该算是北平。各地选定的选手，在求学的不妨转到北平的学校去，有职业的也尽可以由政府替他在北平想法安插。总之，无论求学或任职，只要政府下一个命令，当然什么都可以办得到，为在国际上争回点面子起见，这是值得一干的。比起日本人目前那种紧张的准备情形，已经逊色多了。

一年后，我父亲又参加了在德国柏林举行的第十一届奥林匹克运动会。但因为和第一次相比，第二次似乎没有第一次意义那么大，所以就很少有人知道。用我父亲的话说，第二次参加的奥运会就是一场闹剧。

当时南京国民政府为了粉饰太平，向希特勒献媚，决定参加第十一届奥运会，因此临行前在国内组织了选拔赛。父亲说那个选拔赛"乌烟瘴气"，拉关系啊，走后门啊，送礼、送钱、请客……父亲非常反感，他说："这是政府的腐败导致了运动员的腐败。"就这样组织了一支奥运代表团，运动员有69人，再加上官员和观察员，有100多人，真可谓"庞大"。也是从上海出发，行程28天到达德国。因为是那样一种方式选拔出来的运动员，最后一块奖牌也没拿到。我父亲因肌肉拉伤，比赛成绩也不好。最惨的是，比赛结束后，没有钱，运动员回不了国。足球队好些，可以搞比赛，靠卖门票赚钱；官员呢，比赛完都去玩了，也不管运动员。我父亲后来说，他们早上起来都不知道晚上住在哪儿，真是度日如年啊！当运动员请求政府驻德国大使出面担保到银行借款时，大使置之不理。最后，是靠当地华侨的资助，另加上卖掉带去的大米，才很狼狈地回国了。归途中经过新加坡时，当地的华文报纸《星岛日报》刊登一则漫画：一艘船，上面一个中国人举着一面奥运五环旗，前面一个大鸭蛋，讽刺那时一块奖牌也没拿回来。

在奥运赛场上为国争光的壮志始终鼓舞着父亲。1936年柏林奥运会结束回到上海，有人准备了一个名人签到簿，父亲在上面写："准备着1940年名扬三岛！"后因第二次世界大战，东京奥运会没能召开。

在国家处于内忧外患，中华民族到处受辱的年代，父亲为国争光，在奥运会上扬眉吐气的美好愿望，只能像肥皂泡一样一次一次破灭。

在谈到旧中国的体育时，父亲生前多次跟我说："国运衰，体育衰！"

培育新人

1949年10月1日，中华人民共和国成立，历史翻开了新的一页。

1952年第十五届奥林匹克运动会在芬兰的赫尔辛基举办。当中国接到国际奥委会的邀请函时，时间已非常仓促了。中国奥运代表团抵达赫尔辛基时，大会已近尾声，只有游泳选手吴传玉参加百米仰泳预赛。

到了1955年，中国为了迎接在澳大利亚墨尔本举行的第十六届奥林匹克运动会，成立了选拔委员会，父亲荣幸成为委员之一。我是1945年在北京出生的，1955年已经10岁了，我模糊记得父亲走时非常高兴，还答应回来时给我和妹妹买新衣服和小人书。在《我国参加第十六届奥林匹克运动会选拔赛有感》一文中，父亲满怀激情地写道："祖国在各个方面都在进步，在体育事业上更是这样，欣欣向荣，朝气蓬勃，短短几年体育运动突飞猛进，日新月异，为中国历史上从来没有的。不仅在各项运动成绩提高上有明显对比，就是在思想意识、道德品质上也发生了巨大变化。"在此文中父亲还对港、澳、台运动员到北京参加选拔赛，组织统一的中国奥运代表团，为祖国争光，给予了肯定和赞扬。文中谈道：

> 过去港、澳运动员们很少像这一次以这么壮大的队伍回到祖国参加选拔赛，除了表现出港、澳体育运动开展的普及和在技能水平上高素养外，还能说明港、澳运动员热爱祖国，为祖国争取荣誉的决心和意志，而且带来了港、澳广大同胞热爱祖国，为祖国争取荣誉的决心和意志。在台湾地区的运动员们，我想也同样存在为祖国争取荣誉的决心和意志，但因台湾当局阻挠，遇到许多困难，我深信台湾体育界和运动员们应当拿出勇气，想些办法冲破种种困难，站在爱国主义的旗帜下为祖国体育事业的统一和祖国的光荣，我们应当代表我们繁荣富强的新中国，为参加第十六届奥林匹克运动会而一致努力。

经过选拔委员会慎重考虑，详细讨论，选拔出各项最优秀的、接近国际水平的运动员正式组成中国奥运代表团。父亲在代表团就要离开北京前往奥运会目的地墨尔本时，结合自己的亲身实践，向奥运健儿提出几点建议：一是起居要保重；二是适应气候，熟悉场地；三是建立正确的竞赛情绪；四是吸取各国优秀运动员的经验。其中父亲特别强调中国奥运健儿应该胜不骄，败不馁，积极参与各项比赛，同各国运动员广泛交流经验和发展相互间的友谊。

为参加第十六届奥运会，中国做了精心的准备，但由于当时国际奥委会制造"两个中国"，中国愤而退出，没派代表团参加在澳大利亚墨尔本举行的第十六届奥运会。1958 年 8 月，中国宣布与国际奥委会断绝关系。

1979 年 11 月 26 日，国际奥委会执委会在日本名古屋举行会议，作出恢复中国在国际奥委会中合法席位的决议。在中华全国体育总会召开的座谈会上，父亲有感而发："旧中国贫穷落后，被'洋人'称为'东亚病夫'，那时我只能眼巴巴地看着外国的国旗在奥运会上升起，情不自禁地流下痛楚的眼泪。今天，祖国富强起来了，沉睡多年的九亿中华民族，犹如亚洲的醒狮，在奥林匹克运动会上腾飞的日子已经是指日可待了！"此后，父亲先后担任中华全国体育总会常委、中国奥委会副主席。中国恢复了在国际奥委会的合法席位，父亲非常兴奋，他说："虽然我已经老了，不能代表祖国参加比赛了，但我还要继续贡献力量。"从北京开会回来，父亲毛遂自荐，担任大连理工大学少年田径班总教练，为第二十三届奥运会培养苗子。那时，父亲的身体已经非常虚弱了，组织上为照顾父亲，特批准父亲一周三次上班，其余时间可在家办公，可是父亲坐不住，常常是一到下午训练时间，就争取到现场观看和指导训练，有时从家里带一个小板凳，站累了就坐下来。父亲的行动深深感动了学生们，他们都说："刘老，我们会好好训练的，你就放心吧！"

1981 年夏季，澳大利亚奥委会主席还到大连理工学院观看了父亲的现场教学，并高度评价了父亲对奥林匹克运动的热爱和亲临现场教学的可贵精神。

未了情怀

1980 年，父亲已经 71 岁高龄了，可是他胸中对祖国的体育事业仍燃烧着一团炽热的火，父亲决心要把自己短跑运动方面所积累的经验总结出来，向第五届全运会和第二十三届奥运会献礼。当时父亲的健康状况一天不如一天，身体虚弱得很，但父亲争时间、抢时间不断地写，甚至到北京开政协会还带着手稿修改。当时学校派了一名教师担任父亲的秘书，我经常看到父亲和秘书在商谈写书的事。

有的时候看到父亲难受的样子，我跟父亲说："爸爸，您身体不好，年龄又这么大，不要这么累，要注意休息。"父亲很严厉地对我说："你不知道，目前我国的短跑起色不大，应奋起直追了。我写这部书，就是要把我的一些关于提高短跑运动成绩的想法献给大家，以供参考，使训练步入科学化的轨道，对改变我国短跑运动落后状况有点帮助，我就满足了。"这部书稿通过近三年的努力终于定稿。当父亲手捧《短跑运动》的成稿时，我看到父亲眼里闪烁着激动的泪花。

遗憾的是，这本书没能在第五届全运会和第二十三届奥运会期间出版，最终是在 1987 年出版的。

1982 年春节过后，父亲就感觉不好，特别是饮食方面，需要吃一些精细的主食和副食。记得父亲愿意吃面包抹奶油，好消化，我到北京开会还到处给父亲买奶油。考虑到父亲的情况，母亲和我多次让父亲到医院检查，父亲都以工作忙为理由不去检查。有一次辽宁省组织知名人士体检，父亲才到沈阳去了一次，检查回来也没说什么，我们还误认为是年龄大、胃功能弱的原因。这一年父亲多次和我讲过，我能去看第五届全运会吗？前四届全运会父亲都去看了，这一次父亲考虑自己身体状况，唯恐去不了，所以才这样经常发问。我每次都说："只要你保重好身体，哪儿都可以去，留得青山在，不怕没柴烧。"父亲听后，不吱声，只是默默地抬起头，望着窗外……我当时心中打了好多问号，父亲在想什么呢？那时父亲已得知，1983 年中国即将在上海举办第五届全运会，1984 年中国将正式参加在洛杉矶举行的第二十三届奥运会。

上海、洛杉矶，这是两个在父亲人生中值得纪念的城市，也是父亲永生难忘的城市。

这两个城市即将发生的两件事，深深吸引着父亲，召唤着父亲，可是父亲从未向亲人和我提出过想要重返洛杉矶奥运会的只言片语。现在想起来，这是父亲性格和品质所决定的，他不想给组织增添麻烦，而是把这种对奥林匹克运动深深的爱埋在心中。父亲对上海的渴望，就是对洛杉矶的渴望。当年父亲正是从上海出发前往洛杉矶的，迈出了中国人的第一步奥运征程。

父亲没能再去上海、再去洛杉矶，1983 年 3 月初的一天，在我陪父亲晨跑时，父亲突感身体不适，满头大汗，脸色发青，我说："爸爸，不好，你肯定有急病，马上去医院。"我立即和学校联系，学校派了车把父亲送到大连医科大学附属医院。医生看了父亲的病，非常惊讶："这么重的病怎么还能跑步呢？"医生确诊是急腹症，须马上住院观察。3 月 16 日进行了手术，3 月 21 日病情突然恶化，抢救无效，于病床上辞别人世，享年74 岁。临终前父亲没有留下任何遗言，他认为他可以战胜病魔，痊愈后，还要为祖国的体育事业、为中国的奥林匹克运动贡献力量。

今年（2008 年）年初有北京记者到大连采访，我才获知，父亲当年被列入 1984 年中国奥运代表团的名单。

一年零四个月后，中国重返奥运会。1984 年 7 月 29 日，洛杉矶，射击运动员许海峰夺得中国人在奥运历史上的第一块金牌。父亲若活着，看到这一幕，他会非常激动的。

2008 年 8 月 8 日，第二十九届奥运会就要举行了，这是中华民族的百年梦想，也是父亲的梦想。可以告慰父亲的是，北京一定会举办一届"有特色、高水平"的奥运会，为奥运史留下辉煌的一页。

我代表中国首次参加奥运会始末

刘长春

　　我作为中国唯一的运动员代表，首次参加了 1932 年 7 月 30 日至 8 月 14 日在美国洛杉矶举行的第十届奥林匹克运动会。那时，正是在灾难深重的旧中国。我以十分辛酸和苦涩的心情回忆当初，与其说写我的经历，倒不如说是对旧社会的揭露。几十年过去了，有些片段仍然历历在目，有些却模糊不清了。经老同学郭效汾、时万咸等同人的帮助，得将当时的情景和经过，忆述于后。

伪满阴谋的破产

　　生长在日伪统治区的我，一方面可以说是受日本人的直接和间接刺激，另一方面可以说是受张学良对东北体育的奖励，而成长起来的。

　　在腐败、没落的旧中国，不但经济落后，体育成绩亦低得可怜。1932 年前后的全国最好成绩，男子标枪只有 46.70 米，女子标枪仅为 24.20 米，男子跳高为 1.84 米，女子跳高不过 1.26 米。我自幼好动，一心想借体育运动发愤图强，以求压倒日本人。小时候，在大连沙河口中心小学读书，与日本寻常小学一街之隔，放学后，中国孩子和日本孩子经常打群架，中国孩子中数我年龄最大，打架时总是我冲锋在先。后来让日本教师知道了，使劲地打我的耳光，并在石灰地上下绊子，摔得我很痛。从此，在我心灵中播下了仇恨的种子，我就下决心拼命地踢足球和跑，遇到与日本学生比赛足球，我就狠劲地踢日本学生，以此报仇雪恨。就这样，无形中使我的短跑提高很快。14 岁时，在关东洲主办的洲内外中日中小学田径对抗赛中，我的百米成绩达到 11.8 秒，400 米的成绩已达到 59 秒，远远超过了当时的中学生水平。我在大连二中肆业后，每天都在谭家屯运动场（现在的大连市人民体育场所在地）埋头苦练。1927 年，我在大连中华青年会主办的春季运动会上，百米成绩一下子提高到 11 秒（当时与周文圃成绩相同，但我名列第二）。1927 年底，一个偶然的机会，我被东北大学赴大连比赛的足球队发现，遂辞去大连玻璃制品厂学徒的工作，进入东北大学体育系读书。在东大期间，我曾随东大田径队利用假期赴哈尔滨市训练与比赛，每星期六与俄侨对抗；归途中，又与长春市南满株式会社所属日侨进行比赛。一场场比赛激发了我的民族责任感，求胜心极强。一次在哈尔滨体育场（270 米的跑道）与俄侨对抗 4×400 米接力，我接第四棒时落后六七十米，直到撞线时，我反而领先 10 多米，把在场的俄国裁判看得呆若木鸡。后来我相继参加了 1929 年春在沈阳举行的第十四届华北运动会和同年 10 月举行的中、日、德田径运动会，当时我的百米成绩已经达到 10.6 秒，200米 21.6 秒，这个成绩已为当时远东地区最好的成绩，世界上也是名列十名以内的。1930 年我又参加了在杭州举行的第四届全国运动会和 5 月在日本东京举行的第九届运动会，在这两次比赛中，因赛前在上海练习时腿部肌肉拉伤而带伤比赛，我都未能跑出好成绩。

对于我在体育运动中的长进，日本人是了如指掌的。

1931 年 9 月 18 日，日本驻我国东北的侵略军，借口南满铁路发生爆炸，悍然袭击沈阳，1931 年内整个东北陷入日本的魔爪中。东北大学得到校长张学良的支持，立即将学生疏散回家，并决定各自前往北平报到复课。事变后三天，我只身返回大连西岗区东关街家中，第二天清早东关街"小衙门"（警察派出所）将我传去问话。到那里气氛十分严肃，但谈话口气倒很温和，警察问："刘君今后去向和打算如何？"我答："只有在家安静心气，且有同班同学寄住我家，想待些日子看看时局再议……"回到家中，我心中十分恐惧，知道敌人已跟踪在后，当晚将同班同学赵凌志（1930 年在闹学潮以后结拜为兄弟）仍安置在家中，以蒙蔽日人耳目，让我妻连夜赶回娘家（大连北京街后海头），多方设法凑资 70 元钱，第二天我便乘船赴天津，然后逃往北平复课去了。日本人哪能甘心，不断滋扰，却是苦了家中老人。身为老工人的父亲，见日本人就有三分怕，不得已只好将全家从西岗搬到 60 多里以外的旅顺口居住。哪晓得，1932 年初春，日本人又连续两次找上家门。第一次去时，要家人写信给我，企图暗地勾引我回大连，并说："只要回大连，'满洲国'就给教育部门和体育部门最大的官做。"第二次，日本人带于希渭（原为冯庸大学学生，800 米跑运动员）等三人登门，此次明确提出了代表"满洲国"参加奥林匹克运动会之事，尽是荣华富贵之词，十分恭维。家中老人经不起敌人威逼和利诱，一面去信北平，一面又仓皇地将全家搬迁至河口村（现在的甘井子区凌水乡河口大队）以避祸降。

我和于希渭代表"满洲国"参加奥林匹克运动会的消息，首先刊登在伪满各报上。这个消息传到平、津后，引起教育界青年学生和进步力量的强烈反响，纷纷要求中国政府表态，揭露日本侵略军和"伪满"政府企图使世界各国承认"满洲国"并摆脱其孤立处境的阴谋。果不其然，日本侵略军扶持下的伪满傀儡政府已提前下手，向奥林匹克大会首先派遣刘长春、于希渭为"满洲国"选手。该会并复电承认"满洲国"之提议，且要求速交"满洲国"国旗与国歌，以备届时应用。此时此刻的蒋介石，既不出兵东北收复失地，也不采取措施抵制日、伪阴谋，而是不闻不问，无动于衷。奥运会会期一天一天接近，全国上下，特别是青年学生界，民族情绪十分高涨，略举一例可以说明之：一次东北大学与燕京大学（现在的北大）在燕京大学举行田径对抗赛。有一个身材矮小的学生在燕京大学借读，名叫谭邦杰，此人对体育各类新闻颇感兴趣，几乎没有什么他不知道的。这次比赛中，东北大学大胜燕京大学，特别在 200 米径赛中，我将美国学生马丁开掉，中国学生欣喜若狂，谭邦杰更是喜出望外，到处传说。这样一来惹怒了燕京大学的几个学生，把谭邦杰扔到了北大的未名湖里。我身受流亡之苦，由于对日伪恨之入骨，出于民族义愤，既不愿当日本统治下的亡国奴，也不为威胁利诱所动，而甘当汉奸走狗，效忠伪满，毅然决然地于 1932 年 5 月初在《大公报》上发表声明："我是中华民族黄帝子孙，我是中国人，决不代表伪满洲国出席第十届奥林匹克运动会……"明确地表明了自己的立场。这无疑是给日伪政府当头一棒。

另外，当时身为东北大学体育系主任的郝更生，为攻破日本军和伪满政府的企图可算尽了大力。此人通晓国内外政治经济，社会活动能力很强，他依着与校长张学良的频繁往来和张氏本人对体育的热心奖励，私下从张学良手中筹措 8000 元。在 1932 年 7 月 1 日东北大学体育系毕业典礼上，张学良亲自宣布刘长春和于希渭为运动员，宋君复为教练员，代表中国出席第十届奥运会。郝更生在千思百计中，函电各方以明真相，并函电外交部询问有无对付办法，又与全国体育协进会王正廷

（体育协进会董事）、张伯苓（体育协进会董事，天津南开大学校长）磋商同意，由张伯苓先生急电奥委会为刘、于报名。一切要事在几日内匆促办妥。我和于希渭原被日方充任为伪满洲国代表，如今一变而为堂堂的中华民族代表，日人之奸计亦不攻自破！

到上海

东北大学毕业典礼后，傅宝瑞被秘密派回大连找于希渭，约其由大连直接赴上海会合以便同行（由于日方阻止和监视，加上交通不便，于终究没有成行）。1932年7月2日中午，北平市市长周大文把我请到他家里设家宴招待，席间发表演说，并赠西服全套，美元若干，以示送行。当晚由郝更生夫妇伴送我和宋君复先生离北平往沪。次日晚6时许抵沪，备受上海各界热烈欢迎。

第二天上海各报均刊登有关消息和照片，一时间轰动了整个上海。由于我长时间困守车中，身体疲劳已极，4日下午便来到中华体育场练习。练习时有无数观众围观，记者紧随采访，来访的客人更是络绎不绝。在沪三日，真是应酬无虚日。5日午后在八仙桥青年会（当时青年会总干事是黄仁霖先生）九楼招待各报体育记者，主要由郝更生报告此次我国选派代表出席奥运会之经过。6日下午，上海市体育新闻界于四川路邓脱摩饭店为我们三人洗尘。7日晚由体育协进会主持，上海24个团体近2000人于东亚饭店举行招待会，为宋君复和我饯行。上海狐狸电影公司于6、7两日上午邀我们三人在中华体育场拍摄有声电影，以备随轮船寄往美国上映宣传，可惜两次均因机片损坏而成泡影。新衣亦在上海连日赶制而成：法兰绒上衣，左胸绣中国国徽，白色的哔叽裤子，另有燕尾服和漆皮鞋，专为跳舞用。原定乘麦斯开轮，宋教练恐我晕船，不惜自贴美元36元，改乘邮船威尔逊总统号，每人花美元400

多元。我们办妥护照后，只待起程。

黄浦江畔盛大欢送会

1932 年 7 月 8 日上午，天气格外晴朗，新关码头人头攒动，数千名欢送人群早已挤得水泄不通。9 时半，我身着国徽服装，由郝更生、宋君复率领抵埠，码头上顿时活跃起来。接着中华体育协进会董事王正廷博士偕其夫人到场，先与郝、宋、刘握手道安，以后，即至码头浮桥举行授旗典礼。王正廷右手执国旗及中华全国体育协进会会旗各一面，用静穆庄严之口吻对我训话，大意为：我国此次派君参加奥运会，为开国以来第一次，实含有无穷之意义。予今以至诚之心，代表中华全国体育协进会授旗与君，愿君用其奋斗精神，发扬于洛杉矶市奥林匹克运动场中，使中华民国之国旗，飘舞于世界各国之前，是乃无上光荣也。我肃立行礼接受后，作答词："我此次出席奥运会，系受全国同胞之嘱托，我深知责任重大，当尽我本能，在大会中努力奋斗！"群众掌声雷动，在欢呼声中，宋君复先生和我欣然跨上渡轮，群众目不转睛，依依不舍之情溢于眉宇。在短暂的间隙里，各界代表和新闻记者轮流登船访问，祝祷成功。10 时整，汽笛一响，轮船离岸，那挂满船上的彩色纸条连绵不断，随风飘荡，壮观非凡，尤使人留恋。难怪当天一家报纸刊出一画，以《三国演义》上关羽乘一小舟，手持单刀赴会的画像来形容我们这次赴美的意义。民族的重任使我久久不能平息。回到船舱，仍有郝更生先生和《时报》体育记者滕树谷先生陪送，郝在船上与我谈了许多有关政治、历史、地理、外交等方面的知识，受益甚大。待威尔逊总统号邮船驶出吴淞口时，二位先生方换乘小火轮返沪。即此，作为中华民族的运动员的我，就这样满载着四万万人民的希望出发了。

唐人街的盛会

经过整整 25 天的海上和沿途港口旅行，终于 1932 年 7 月 29 日下午4 时抵洛杉矶码头。到码头迎接的有美国奥委会负责人，还有先期到达美国参观本届奥运会代表、中华全国体育协进会总干事沈嗣良，中国留美学生刘雪松，以及原先在美国的中国权教授夫妇（朝鲜族）及华侨数百人。下船后，即乘插有中、美两国国旗的大轿车直接前往唐人街举行欢迎式。轿车由美国警察驾驶两辆机器脚踏车前导，另有两辆机器脚踏车在两侧护送，车队前后绵延半华里，场面十分壮观。沿途有美国人民夹道欢迎。抵各港口时，以救火车式喇叭开路，行人车马为之驻足。当车行至唐人街时，汽笛齐鸣，惊起全街华侨扶老携幼夹道欢迎。这时鞭炮、锣鼓、汽笛、汽车喇叭声震耳欲聋，热闹非凡。约莫十分钟过后，我们走下汽车，前呼后拥来到一大饭店屋顶平台准备拍照。美新闻记者示意叫我举起双手，我立刻把双手举过头顶，顿时觉得自己这个姿势是向敌人投降缴械的姿势，忽地又将双手放下。这时美国记者对刘雪松同学解释说：双手举过头顶，是代表用双手托起四万万中国人民的唯一代表。我复又高高举起双手，拍下了照片。第二天美国报纸刊出这一照片，并说：看看小中国人明天如何跑法，云云……这一不友好的表示，触怒了我的心，分明是对中国人的歧视，内心中很不满意。

照完相，紧接着在该饭店的大厅里举行欢迎宴会。主持人操一口广东话，先致欢迎词，宴席极为丰盛，亲人相会于异国，犹如在家中一样，席间频频举杯，感慨万千。快到结束时，我致答谢词。

此浪未落，彼浪又起。宴后，又应广东侨胞邀请，在该饭店举行一次"刘、关、张"结盟会。据了解，这是广东省的民间风俗，有帮会性质，凡有"刘、关、张"三姓的人，在他乡相遇，仿《三国演义》中刘备、关羽、张飞三人结拜的故事，皆称弟兄。我姓刘，排于三姓之首，所以又曰"认大哥"仪式。会上主办人赠"刘大哥"一枚特制的金质大奖章，以表敬仰和鼓励，这枚奖章一直珍存身边，不幸的是1938年湖南长沙市一场大火，所有衣物及纪念品全部被烧光和遗失。

赴 会

第十届奥运会参加选手人数之少，实为1908年以来破天荒第一次。其故由于世界各国经济萧条，如巴西政府财政困难，选手旅费无着，政府给予该国特产咖啡5万袋在洛杉矶廉价出售，以充旅费之用。又因此次各国对出席选手，皆选之又选，非有把握者均忍痛割爱。各项选手均系国际运动史上荣膺明星头衔之好手，芬兰所派代表只限于田径选手。瑞典因注重拳击，派一拳击劲旅参加。英国的标准，倚重在质而不在量，深知重量拳击等运动非美、德之敌，绝不派一人出席，而只派径赛选手，田赛亦无一人。法国与波兰、匈牙利、澳大利亚等国方针，不在全队总分，却注意个人锦标。我国此次派我出席，尚属初次，其成绩在世界舞台上固难与列强一较，但是能有单刀赴会之壮举，聊胜于无；尤其是挫败了日本侵略者的阴谋，实为快事。

参加第十届奥运会之水陆选手，会前均以全副精神从事练习。陆上选手分在各高等学校操场练习。一时间，各国均派出侦探，手持计时表，分赴各校侦察各国选手的成绩。

日本因航行便利，较其他欧美各国早日到场，人选整齐，意在争霸一番，而德国之雄心亦不在日之下。日本男选手，白天准时练习，晚间在宿舍听讲演训话，9时就寝，早晨6时起床，尚无脱线行为。而法国男选手则不然，每日仅在运动场上练习一二小时，即匆匆回到旅舍化妆，大施美颜之术，然后与各国异性周旋，作为精神慰藉。作为中华独生子的我，原本与日本南部忠平（跳远和三级跳选手）、鹤冈（高栏选手）等为好友，在大连时关系颇密切，且天天相偕在大连运动场练习，唯自"九一八"事变后彼此翻脸，此次运动会，无论在练习场或路遇，不打招呼、不交谈，反以仇眼相视。

轰动全球的第十届奥运会于 1932 年 7 月 30 日正式开幕。这一天最引人注目的事情之一，即是中国代表到场。我和宋君复先生到场时，有警察多人乘机器脚踏车护卫，后面有汽车五辆，满载着为我助威的中国华侨组成的应援团。

竞赛场四周插有 50 个国家的国旗。大会的徽章系一五色平排之环（五色环），在大会正门上首高高耸立。观众 15000 人，计有 2000 选手参加检阅。幕启时，各国代表及男女选手入场，在跑道内沿外绕行一匝，由 500 人组成的大军乐队在前面导引。希腊本是奥运会的创始国家，因此首推该国代表队居游行第一队，其次按国名英文字母先后依次顺序排行，美国队以地主居末位。每队由一专人持国名旗前导，持国旗者随之，后面即为职员代表及选手。经检阅台前时，全体举手示敬。检阅时，最生动的表现要算 200 人的美国队，穿的是白条子蓝上衣、白短裤，黑白相间的运动鞋和草帽，胸前的合众国盾徽最引人注目。我国代表队以第八位入席，代表队成员系临时拼凑而成，由我执国旗，沈嗣良为总代表继之，随后代表四人，即宋君复、刘雪松、申国权、托平（托是美国籍）。入场毕，队员依次排列场内。首先由美国副总统寇蒂斯宣布正式开幕，辞毕，在大会会歌乐声中奥林匹克会旗徐徐升起，大会火炬燃于一高柱之上，象征着世界和平的 2000 只气球和数千只白鸽飞翔满场，鸣炮声十响。最后全体选手庄严地朗读奥林匹克誓词：

我等誓愿参加奥林匹克大会，作忠诚之竞赛，并愿遵守一切规章，依照运动家之精神参加各项竞赛，以博我等国家之荣誉及运动界之光耀。

开幕式历时两小时，下午4时半散会。

幸运的是我保存着比赛过程中所写的日记十余篇，虽很不成样子，但多少能帮助回忆当时参加大会的一些实况，现摘录于下：

7月31日

（下午）1时乘车抵运动场，先在外边"预备场"上练习，即返休息室，3时百米预赛，第二组共有六人，只取三名，起码头五六十米在先，约至80米后，后来者均居上矣。跑毕，个人亦觉奇怪，何以起码有如是美姿？发令员与评判员亦以余之起码与前50米为佳，惜毕业考试一月及舟行劳顿，缺少练习，未能上名。设抵洛杉矶后，再有一星期之加油，或不致名落孙山乎？第一名星卜森，胜余有4码，成绩10.9秒，余居第五，当在11秒左右，尚可留为纪念。

浴罢，与宋作壁上观，每项前三名将优胜国国旗悬挂高杆，音乐既奏，全场仕女起立致敬，余对之频添无限感喟。但观各项动作，并不比祖国出奇……

8月2日

（下午）3时使人血轮紧张之200米预赛开始矣！

余在第三组，是组有黑炭墨脱加夫在内（百米决赛，仅负2英寸于吐仑）。起跑后至170米时尚居第二位，不幸最后20米内被人追过，结果第四。宋、刘、沈三君云，二、三、四、五名均在两码内之前后，第一胜有 3 码，成绩 21.9 秒。后看 800 米跑决赛，英人范逊第一，1 分 49 秒 6，世界新纪录……

8 月 4 日

自思自叹。

早 7 时起，8 时早餐，宋（君复）先生往观棍球战，余留室阅报，自思今日 400 米，跑耶？否耶？苦无相当练习，且成绩相距远甚，若相去甚远，则前此两项（指百米及 200 米，虽未上名，而其姿势及奋勇精神，已蒙外人赞扬）"不堪的光荣"不将丧失殆尽耶？故决定今日不出场，聊将两项"不堪的光荣"永存余脑海中可矣。

参加世界青年辩论大会

世界青年大会邀请和挽留宋君复和我，其用意在于在美国筹备一次辩论会。这次辩论会以美国学生为发起者，邀请了太平洋沿岸各国青年和运动员代表数百人，于 8 月 20 日前后正式开会。筹备期间，美国男女学生与我们接触十分频繁，他们几次亲临我们住处，在一起游玩和吃饭，建立了深厚的感情。

辩论会的内容，旨在揭露日本军国主义对我国东北发动惨痛的"九一八"事变，而犯下的滔天罪行。宋和我来自当事现场，最有发言权。当宋得知这个消息时，立刻告诉了我。由于国民党反动派卖国求荣，作为中国参加此届奥运会的总代表沈嗣良不肯出头参加这次具有重大政治意义的国际辩论会，而中国领事黄博士更是怕得要死，置之不理。宋先生和我义不容辞，连夜商量发言提纲和内容，在美国大学生的共同努力下，由宋君复执笔写成发言稿。开会那天，由美国大学生主持会议，首先由宋君复用英语向到会代表发言，发言中用大量的事实陈述了日本军国主义的残暴行为。其大意是："九一八"爆发前一星期，驻在沈阳的东北边防军经由东北大学西大门前向沈阳市北法库县撤退；"九一八"当天深夜，日本驻军自沈阳南站向中国驻军地——北大营开炮，炮弹的火光经东北大学上空自南向北飞去。事变第二天清晨，日军在沈阳市街上寻衅，随意刺杀和枪杀我无辜民众；以及在大西门城楼上挂起日本旗……事实胜于雄辩，发言不时地被热烈的掌声所打断。大会中有一个日本代表出来狡辩，霎时间，群情四起，你一言我一语，满堂口哨声和嘘声，弄得日本发言者前言不搭后语，矛盾百出，狼狈不堪。其他几名日本代表，无言以答，只好低下头去。这时，各国代表更加振奋，大家振臂高呼："日本是侵略者！""打倒军国主义！""要和平，不要侵略！"整个会场久久不能平静。紧接着各国代表纷纷在会上发言，一致谴责日本帝国主义侵略中国的可耻行径，彻底挫败了日本代表。各国代表的声援和同情，给了我们很大力量。

第二天上午，各国代表就像庆祝胜利一样，聚在一起联欢，一起散步聊天。一位美国女青年，十八九岁，说一口流利的中国话，她不时地与我交谈，关切地问到中国在战争中的遭遇，谈起中国的风土人情，也谈到妇女的解放和婚姻问题。在共同的正义斗争中，彼此更加了解，更加亲切。快要分别时，她忽然问我："你结婚了吗？"我回答："我已经是两个孩子的爸爸了。"这使她十分惊奇，接着又笑了笑说："希望你们有机会再来美国，到我们家做客，我们永远友好下去。"

因为归国的船期紧迫，我们不得不告别了各国代表，告别了美国的大学生和在美国的侨胞，满载着世界各国人民的友谊，于8月21日乘柯立芝总统号起程西归，航行25天，9月16日返回祖国，再次受到上海人民的热烈欢迎。

归国之后

1932 年秋参加奥运会回来后，由于国际形势的变化，日本退出软弱无能的"国联"，更加肆无忌惮地向我国华北进侵。国民党一味地"攘外必先安内"，加紧镇压中国共产党和进步爱国力量，只许"睦邻亲善"，不准"抗日救国"，华北危在旦夕，更遑论收复东北了。在内忧外患的年代里，我和几位东北体育界人士，基于"反满抗日"的爱国思想，并得到张学良及东北军政界名流等的支持和帮助，经过种种艰苦斗争，于同年冬季在北平成立了"东北体育协进会"。由我担任总干事，常委有我、王卓然（东北大学秘书长，在该会主管经费）、胡安善（原东北大学体育系学生，对运动力学和体育理论有研究，因爱国抗日坚决，在北平被日军所害）、庞英（原东北大学体育系学生，中华人民共和国成立后在哈尔滨工业大学任教）、王兰（冯庸大学体育秘书）共五人，委员有刘化坤（念一中学体育主任）、时万咸（东北中学体育主任）、周国良（执行中学体育教师），以及当时一些中学的校长等数人。这个组织名义上是体育组织，实际上也是一个抗日救国组织。平时，它通过组织各种类型的体育比赛会，把流亡在平、津的东北青年团结在一起，教育他们不要忘记"打回老家去"，要锻炼身体，准备战斗。遇到国内举行大型运动会，则组成辽、吉、黑、热四省体育代表队参加比赛，其目的是唤醒全国人民，不要忘记在日本铁蹄下的东北 4000 万同胞，也是庄严地向全世界宣告：东北仍然是中国的领土，中国不允许列强瓜分，中华民族坚不可摧。在国内的任何比赛中，无论我在哪里工作，总是穿着辽宁的"白山黑水"服装（白背心、黑短裤），代表辽宁出场。

1933 年，国民党为了粉饰太平，在南京主办第五届全国运动会。全国各省市的运动员是在"强作欢笑免为愁"的压抑气氛中参加了这次运动会。"东北体育协进会"在各方爱国力量的支持下，冲破国民党分子的种种干扰阻挠，终于使流亡在关内的东北青年运动员高举着"辽、吉、黑、热"四省的大旗，昂首阔步地进入会场，接受全国人民的检阅。这对"攘外必先安内""爱国有罪""抗日坐牢"而大搞"中日亲善"的乌烟瘴气的南京政府，也是一种批判和揭露。就在这次运动会上，我创造了百米 10.7 秒的全国最新纪录，这个纪录相当于当时奥运会的第五名，而且作为中国百米最高纪录，保持了 25 年之久，一直到新中国成立后，在 1958 年第一届全运会的前夕，才被祖国的运动员所打破（首先是"八一"队梁启勋平 10 秒 7 纪录）。

1934 年秋，第十八届华北运动会在天津举行。在"东北体育协进会"的努力下，组织了一支庞大的体育代表队参加，我为领队，胡安善（当时的东北大学体育系主任）、郭效汾（东北大学教师）为教练。当几百名东北运动员高举"辽、吉、黑、热"四省的大旗进入会场时，全场欢呼，掌声雷动，同时在主席台对面的看台上，出现了以南开大学为主体的几千名天津学生用黑白颜色组成的"勿忘九一八"五个大字标语。几万人的会场顿时沸腾起来，同仇敌忾的火焰，燃烧着每一个中国人的心。然而，这种情景却触怒了主席台上的日本驻天津的总领事。他向主办运动会的当局提出抗议，并无耻地要求东北四省代表队立即退出会场。当时河北省主席于学忠也坐在主席台上，于氏是东北抗日的名将，他对日本总领事的抗议置之不理。日本总领事发怒了，声嘶力竭地说："你们不停止摆字，我立刻将大炮对准南开大学。"于学忠回答说："你的大炮对准南开大学，我的大炮就对准日本租界总领事馆！"东北四省代表队没有理睬他，我和所有的东北运动员照样参加了比赛会（这次我主要担任终点裁判长）。第二天看台上又代之出现"还我河山"四个大字，第三天又出现了"中国"两个大字，外加一个特大的"？"，试问今日之中国是谁家之天下？全体东北运动员含着眼泪参加了这次比赛。

1935 年，我已经 26 岁，仍保持着较旺盛的竞赛情绪，本来还可以继续一段比赛生活，但因日本法西斯发动了卢沟桥事变，大举进攻中国；我在运动场上独往独来，应付着国内外的各种比赛，不幸在一次训练中又拉伤了腿；1938 年 3 月又在长沙市被迫失业。从此，一心想借体育运动发愤的我，在悲愤中结束了运动竞赛生涯。

体坛怪杰

——记 1936 年奥运会参加者程金冠

———

谷　洪

1936 年 7 月的德国柏林，大战的危机掩盖在虚假的繁荣之下。街头广场上，到处挂满了奥运会的旗帜和纳粹党旗，商店酒吧挂出了优惠各国运动员的巨大招牌。纳粹德国把举办第十一届奥运会当作炫耀实力的大好机会，中国的国民党政府为了取媚希特勒，正式派出体育代表团参赛，69 名身穿法兰绒蓝西服、白裤子，系着墨绿色领带的中国运动员首次出现在世界奥运会赛场①。走在这个队伍最后的一名运动员，身材矮小，面目清秀，不停地眨着眼睛，显得自信而又老练，他就是当时在国内被称为短跑怪杰的苏州东吴大学学生程金冠。在此之前，他已参加过两次远东运动会。

50 年过去了，作为中国体育运动的历史见证人，每当程金冠回忆起那段往事，回忆起他 50 多年的体育生涯，老人便感慨万千，心潮起伏……

---

① 刘长春曾由张学良赞助参加过第十届奥运会，但不作为正式代表。

"北刘南程"

在 20 世纪 30 年代的旧中国田径界，流传着"北刘南程"的说法。"北刘"即中国体坛的名人刘长春，"南程"即程金冠。这个说法有它的来历。

那是在 1934 年 10 月 4 日，上海的虹口公园里举办了一场田径对抗赛，一方是由上海田径选手组成的"白虹队"，另一方是俄国在上海的侨民组成的"俄侨队"。在 100 米短跑起跑线上，人们看到一位膀大腰圆黄发碧眼的外国运动员，他的身边是一位个子不高、体形精干的中国选手。发令枪一响，小个子如离弦之箭，直冲终点，把大个子扔下几步远。顿时，观众雀跃，一片欢呼。那小个子就是白虹队队员程金冠。他被人们簇拥着，高兴得泪水也涌出来了。因为这是中国选手首次战胜外国选手。特别值得一提的是，程金冠在这次比赛中跑出了 10 秒 6 的好成绩，平了当时刘长春创下的全国纪录。于是，"北刘南程"之说便传开了。程金冠，1912 年出生于上海。父亲程步云，是商人兼资本家。程金冠少年时代就读于英国人办的麦伦书院。有一次学校开运动会，他报名参加了高年级学生的"一英里赛跑"，结果战胜了比他大五六岁的对手，获得一枚金牌。当时的上海英文报纸《字林西报》还登载了这一新闻。

从这以后，程金冠与体育结下了不解之缘。初见程金冠的人都很奇怪，"像你这样的身材，怎么会去搞体育呢?"的确，程金冠貌不惊人，体不出众，身高仅 1.60 米。但他四肢灵活，反应快，爆发力强。更令人不可思议的是他在上海复旦大学附中踢足球时，曾踢伤左眼，视力几乎为零，但他就是凭着一只眼的视力参加了两届远东运动会和一届奥运会。这个秘密至今不为人们所知，人们只是发现他有爱眨眼的习惯。

在旧中国，从事体育运动，缺乏必要的设备和辅导条件，完全靠运动员自己苦练。因此，程金冠跨栏跑的姿势很独特，就像踢毽子一样。然而他就凭这一姿势，多次在当时全国性比赛中名列前茅。1935年5月23日《苏州明报》上载文"程金冠创造惊人成绩，低栏破全国纪录"，1936年5月20日该报还有一则报道，题为"全苏运动大会，短跑怪杰程金冠决计出马"。程金冠成了当时体育界的新闻人物，并曾担任过上海民间田径队"白虹队"的队长，为中国早期的体育事业作出了贡献。

程金冠与刘长春，两人不仅成绩相当，他们的交往亦笃厚。"文革"中程金冠受冲击的时候，刘长春还给他写过信，从精神上安慰他。刘还给江苏省体委写信，要求给程金冠落实政策，这是十分难能可贵的。

两次出征远东运动会

远东运动会是当时亚洲地区规模最大的运动会，每隔四年举办一次。1930年，第九届远东运动会在日本举行。年仅18岁的程金冠第一次获得了赴国外参赛的资格，他怀着激动的心情随运动队乘船抵达日本神户，转乘火车到达东京。

全队刚到东京，就发生了小地震。震后清点人数，少了程金冠。大家分头寻找，才在床底下找到他，到底是初次出门的中学生。

参加第九届远东运动会的共有中国、日本、菲律宾三个国家。旧中国国贫民弱，赛绩当然不佳，田径项目只有广东籍运动员司徒光获三级跳第四名，得到宝贵一分。

程金冠在这次比赛中，由于跨栏姿势特别，当他做准备活动时，引起观众大笑，他窘迫地停止了练习，蹲在一旁看比赛。轮到他上场，稀里糊涂应付了一下，当然谈不上成绩。但他毕竟参加了国际性比赛。

四年之后，第十届远东运动会在菲律宾马尼拉举行。出征之前，在上海举行了全国选拔赛。据 1934 年 5 月 1 日《勤奋》杂志记载，田径项目集国内之精英，竞争激烈。程金冠改跨栏为 100 米跑，以 11 秒获第一名；刘长春由于腿部有伤，放弃 100 米赛，仅跑 200 米，以 22 秒 7 获第一名，都取得参赛资格。

运动队乘美国邮船杰克逊号抵菲律宾，菲律宾总统奎松出席了运动会开幕式。5 月的马尼拉天气闷热，开幕式那天，由于旅途劳累，一名中国运动员当场晕倒在运动场上。程金冠见此情景，心里很不是滋味。在这一届运动会上，足球夺魁，田径仅获两枚银牌——符保卢的撑竿跳高和陈宝球的铅球。程金冠依然壮志未酬。

奥运会之梦

参加奥运会，这是所有运动员的梦想。

1935 年，苏州东吴大学 24 岁的学生程金冠接到通知，到山东青岛集训，准备参加奥运会的预选赛。程金冠因身体不适，没有及时报到，刘长春便接连写信催他，劝他勿失良机。程金冠终于成行。

1936 年夏，奥运会田径选拔赛在上海举行，每项只取第一名。程金冠同刘长春商定，刘跑 200 米，程跑 100 米，争取双双出线。然而程金冠却在 100 米中失手。他灵机一动，又报名参加了 400 米中栏比赛，结果他使出看家本领，一举成功，并以 58 秒 2 打破该项目全国纪录，拿到了奥运会入场券。程金冠因此成为我国历史上三次参加国际大赛的运动员，这在当时是屈指可数的。

程金冠入选进军奥运会的消息传到苏州东吴大学，同学们纷纷向他祝贺，其中包括蒋介石的儿子蒋纬国。当时程金冠听说参加奥运会可以得到省政府的资助，就决定到江苏省会镇江去领，蒋纬国以他的背景主动提出陪他去。因为蒋纬国爱好体操，对体坛名将程金冠自然佩服备至。到了镇江后，蒋纬国熟门熟路，带程金冠到省政府教育厅去找厅长周佛海。由于蒋公子在场，周佛海对程金冠很客气，说了不少鼓励的话，大意是你为江苏争了光，有什么困难尽管提。就这样，程金冠得到了一笔行装费。

参加第十一届奥运会的 69 名中国选手，于 1936 年 6 月 26 日从上海乘邮轮赴欧。代表团名誉团长是国民党监察院院长戴季陶，领队是上海圣约翰大学校长沈嗣良。运动员中共有两名女选手，其中之一就是当时轰动一时的"美人鱼"杨秀琼。

轮船经过 20 多天的颠簸抵达威尼斯。运动员于第二天乘火车到达柏林，在车站上受到了数百名中国留学生的欢迎，还有看热闹的千余名德国人。程金冠当时的心情是好奇中充满了兴奋，拿名次当然是不敢奢望的，他只想让外国人看看中国人并不是戴着瓜皮帽、拖着小辫子的东亚病夫。

中国代表团下榻于柏林市西 14 公里的奥林匹克村，住的房间与美国代表团靠得很近。当时美国黑人选手欧文思以其出色的成绩引人注目，他在这届运动会上创下一人独得四枚金牌的惊人纪录。在训练场上，程金冠因为会说英语，多次找欧文思请教，他还在运动场的栏杆前同欧文思合拍了一张照片。这张照片程金冠自己没有保存下来，然而他却意外地在 40 年之后人民出版社出版的《奥林匹克》专辑上看到了它。最早表现中美运动员友谊的镜头就这样被保存下来了。

在这一届奥运会上，除符保卢在撑竿跳高中通过及格赛外，其他田径项目的运动员皆在预选赛中落选。程金冠因临时由 400 米中栏改为参加 100 米、200 米短跑和 400 米接力三项，成绩均不理想。此次奥运会，中国代表团以"0"的成绩告终，各国报纸都以"鸭蛋"相赠。当然，这些主要是讽刺旧中国的统治者，但作为参加比赛的每一个中国选手，心情都是十分沉重的。

在德国，程金冠抽空治疗了自己的眼疾，给他诊断的是一位叫罗兰的眼科大夫。罗兰大夫听说程金冠是中国运动员，便免费为他动了手术。手术后的一个星期里，程金冠生活无法自理，多亏了他的挚友刘长春每日看护。程金冠损伤严重的左眼，手术后仅恢复了一点亮感。

这时，苏州东吴大学开学在即，程金冠急于回国，便先行出发，取道莫斯科从东北回到祖国。奥运会的经历，在程金冠的一生中，成了难以忘怀的一页。

"南程"的后半生

程金冠从柏林奥运会归来后，继续修完东吴大学的学业，不久抗日战争爆发，程金冠的体育生涯从此中断。程金冠大学毕业后，曾经从事过商业，但多次受挫。中华人民共和国成立后，程金冠于 1951 年到香港，去寻找旧时的好友，想重整旗鼓，然而他却失望而归。他当时有五个孩子，妻子又没有工作，一时生活窘迫，靠典当过日子。

可是，党和人民没有忘记他这位从旧社会过来的体坛名宿。就在他从香港回来后不久，苏南行政公署在苏州举行华东运动会，请程金冠去担任裁判员。在充满生机的运动场上，他多年的夙愿有了实现的可能：40 岁还不到的程金冠，为什么不能为国家培养新一代的体育人才呢？于是，他到苏州铁道师范专科学校及铁路中学当了一名体育教师，并任体育教研组组长。在学校里，他培养出了著名排球运动员孙晋芳。这是程金冠可以借以自慰的。

1984 年洛杉矶奥运会，中国运动员一举打破零的纪录，夺得 15 枚金牌。消息传来，程金冠老泪纵横，百感交集。他不顾自己视力严重减退，写了一篇又一篇文章，追今抚昔，抒发他的情怀。

中华武术与第十一届奥运会之缘

——先父寇运兴武林逸事

寇耀先[*]

北京申奥成功，喜讯传来，神州大地一片欢腾，人们有充分的理由相信，2008——世界给北京一个机会，北京将给世界一个惊喜。然而，在旧中国，刘长春于 1932 年作为第一个参加奥运会的运动员，却因盘缠无着险些无法回国。此后，奥运留给旧中国的只是一个个辛酸的回忆。即使偶尔闪出一道亮丽的色彩，也是若干志士仁人尽其心力的结果。1936 年，豫籍武林老前辈寇运兴彰显中华武术于第十一届奥运会的事迹，即为一例。本文即为其子寇耀先有关此事的忆述。

先父寇运兴一生崇尚武术，精于艺业。1936 年在德国柏林举行的第十一届奥林匹克运动会上，他作为中国派出的武术表演队成员之一，表演了春秋大刀，并以精湛拳法打败英、芬等国强手，竭尽所能为当时尚

---

   * 寇耀先，河南省许昌县人，1920 年生。是许昌市魏都区第三届政协委员、许昌市文昌区个体劳协副会长。

处于贫弱之中的祖国争得了世人的瞩目，也稍许弥补了中国运动队成绩不佳的遗憾。

先父名运兴，字振华，乳名丑，1898年3月12日（清光绪二十四年二月二十日）生于许州阜民保寇庄村（今属许昌县将官池镇）。那时土匪猖獗，我寇庄村小，仅有17户80多口人，东、西邻贺庄、祖师庙都是大村子，因而我村遭土匪抢劫和受邻村欺负的事经常发生，不是牲口被牵走，就是小孩被绑架，或被人打得头破血流，弄得人心惶惶。

为此，我曾祖父在许州城内聚奎街购买房产一处（地址在今许昌市东城墙街103号院），全家经常避乱住此。先祖父寇玉海爱好武术，为防护宅院也曾练过三招两式，但艺业不精。先父寇运兴稍长，身材魁伟，声如洪钟，能掷石飞打鸟巢、单手搬推石磙、力降烈马。先祖父看他是块练武的料子，决心让他投师学艺。先父遵嘱，到蒋李集村拜气功师夏土墩（山东人，相传系义和团成员，义和团失败后避祸居此）为师学习气功和武术。经过两年多的勤学苦练，功底日厚，技艺渐精。他运动气功时，能捏砖如泥，三五步内用掌可将对手击倒。至于长拳短打、刀枪剑棍，在同门弟兄中亦独领风骚。夏土墩老师为得此爱徒，喜不自胜，悉心教导，将自己独门单传、一生珍藏的秘籍《点穴法》亲自授予先父，并按照书中图解逐一进行点拨。先父获得这一绝技后，把它应用于针灸，四处行医，济世救人，做了许多好事。

先父学武有成，从夏老师家回来，功夫已十分了得。1925年，曾在清末被武林誉为江北"十八侠"之一的万顺镖局镖头、河北冀县（今冀州市）人曹振谱，应许昌武术爱好者葛心如、董朗斋的邀请，从开封来许，在东门里葛家院设场传艺。先父又慕名投拜。曹见他功底深厚，且有谦恭礼让之风，遂欣然收为门徒。曹是江北梅花派宗师孔继祥的高足，尽得梅花派真传。此时他年事已高，正恐后继无人，见到先父，称心如意，便毫无保留地将大梅花拳、小梅花拳、梅花龙形剑、梅花绝命枪、梅花八腿、五虎断门刀、八面护身刀等招数套路武艺，尽心传授。先父昼夜苦练，进步神速，并能融会贯通，遂成为这一古老拳种的正宗传人。同时，他开始操练春秋大刀（此刀为仿关羽大铁刀制成，重128.5斤，刀柄上铸有"寇运兴"字样，现存于河南省体委，被群众誉为"神刀"）。当时，许昌县四乡八保看家防匪的组织如硬肚社、红枪会等，纷纷慕名前来，聘请先父去教徒授艺。先父应邀先后在许昌城内兴隆街、城东柏茗村及城西柏树李村、贺庄等处设场授徒。

1928年，许昌举行国术比赛。我梅花门郭绍芳、葛星和、杨万清、张秀生和先父等囊括前十名。随后他们到开封参加国术省考，又名列前茅，被选为河南省国术代表到南京参加全国第一届国术国考，在南京，经过几轮比赛，先父均力挫群雄，但在决赛时遇到了强劲对手。对方是韩复榘的一名保镖，这次前来参加比赛，带了20多名徒弟，气势汹汹，志在一举拿到冠军。此人五短身材，蹦蹦跳跃十分利落，此时因徒弟们连连败阵而憋着一肚子火气上场。先父佯输诈败，最后使用连五腿将他踢出场外。在用器械的打斗中，父亲运用梅花枪招数，使他连中七枪（枪头用棉布包扎蘸上石灰，比赛后验看双方身上被刺中的白印多少以决胜负）。

这次国术大考，先父荣获全国第一名，在武林中名声大振。时日本驻华公使看了他的技艺表演，对其不凡的身手深为赞佩，即指派专人与中国国术馆馆长张之江商谈，愿以月薪5000元大洋的重金和允许带家属、带厨师等优惠条件，请先父到日本去教授武功。先父也知道这是一次关系个人一生命运的好机遇，时不再来。但他认为：自己是一个中国人，练武是为了防身护体，不受别人欺压；若把武功传授到一心想侵吞我国的东洋强邻，使之再拿这一套来欺侮侵略我们，那自己还算是中华男儿吗？还有武德和国格吗？于是，先父婉言谢绝了日本驻华公使的邀请，毅然和代表队的同伴返回故乡。

1929年，先父受聘于河南省国术馆担任教练，我全家随同迁移至开封徐府坑街。担任此职不久，先父除授业于不少男门徒之外，还于20世纪30年代初先后收了两位女弟子。

一位是同乡好友郭绍芳的女儿郭增莲（今名郭力）。她当时在开封读书，拜在先父门下学梅花门技艺。由于她天资聪颖，加以刻苦钻研，练得身手不凡，成为先父的得意门生，后来发扬了我寇氏武术。1933年秋，她被河南省选拔到南京参加全国第二届国术国考。她在大拇指上长疔疮疼痛难忍的情况下，咬牙上阵，闯预赛，战决赛，经过徒手、短兵器、长兵器三番五次的苦斗，最终战胜了所有对手，荣获女子全能冠军。术科夺魁后，她在学科考试中又名列第一，被时人誉为"文武女状元"。

另一位就是著名豫剧演员常香玉。她率班在汴醒豫舞台演出，为了研习探讨武戏中开打套路与武术实际的结合，特投红帖拜在先父门下。每天下午5—7时，她坐黄包车来我家向先父请教刀枪对练等技艺。经先父精心点拨，大大丰富了她的舞台艺术，同时也增强了她的体质。她对老师非常尊敬。1951年，她为支援抗美援朝捐献飞机，在汉口友谊街舞台义演。当时先父也在武汉，购票前往观看，坐在第三排。她上场后看到老师在台下，当即送以恭敬的目光，并微笑着向老师深施一礼。散戏后，她顾不得卸妆，就跑下台来把老师请到后台，畅叙师徒之情。

古都开封当时是河南省省会，人才荟萃，不乏各派武林高手。先父深知艺无止境、天外有天的道理，所以他不满足已有的成绩，不拘泥门户之见，而是广结武友，诚待天下客，虚心学人之长以补己之短。

1935年10月，先父与我姐寇凤兰作为省射箭队选手到上海参加旧中国第六届全国运动会。经过激烈角逐，凤兰姐沉着冷静，以 280 环的优异成绩获女子射箭第一名，以 120 斤推拉硬弓获测力第二名，以 80 分的成绩获射中第三名；先父则取得了男子射远第六名。

先父从上海回到开封后，练功的劲头更大，要求更加严格。他每天穿着练功衣，用大板带束紧腰，苦练刀、马、石硬功。先双手搬起 280 斤的志石，以骑马蹲裆的姿势，把志石放在两条大腿上；石上再放置 128.5 斤的大关刀，然后双手再开三把 120 斤的硬弓。由于活动量大，体力消耗大，先父每餐能吃 2 斤熟牛肉、2 斤烙馍。功夫不负有心人，通过苦练硬功，先父体质更壮，臂力倍增，耍起春秋大刀，舞动梅花枪，更加出神入化。

1936 年 8 月 1 日，第十一届奥林匹克运动会在德国首都柏林举行。中国除派代表参加足球、篮球、田径、游泳等比赛项目外，还派了一个由九人组成的国术队到会表演。国术队由南京国术馆通过比武选拔，成员有张文广、金石生、温敬铭、林绍周、刘玉华（女）和先父等。他们的合影照片（欠刘玉华），至今还在我家珍藏。

在第十一届奥林匹克运动会上，中国参加比赛项目的各队成绩不佳，但国术队的表演却受到异乎寻常的欢迎。队员们表演的器械和拳术娴熟敏捷、刚健优美、腾翻跳跃、虎虎生风，使外国人大开眼界。在整个柏林亦引起轰动，德国人都以能目睹中国国术队的表演为幸事。

谁知名高遭人忌，国弱被人欺。西欧国家一些参加奥运会的拳击手，对来自"东亚病夫"之国的中华武术队如此受人青睐，很不服气。

芬兰的一个拳击手给中国国术队下战书，指名要与先父一比高低。那位芬兰人比先父高一头、乍一膀，相貌很是凶恶。队员们担心先父斗不过他，便耐心向对方解释说：我们来表演是为了增进友谊，不参加拳击比赛，不与谁争高下。哪知对方非但不听，反而狂妄地提出：如果不敢与他交手，中国国术队就得贴出海报，公开表示认输。这一无理要求激怒了中国国术队，更激怒了先父。他说："我个人胜负事小，为祖国争气事大。我坚决和他比试，也有决心击败这个狂妄自大的家伙！"经大会裁判处签订协议，二人当众比武。比赛一开始，先父运足内功，先发制人，以迅雷不及掩耳之势，一下子将对手击倒在地。裁判宣布中方获胜。但到次日，大会裁判处却通知说：芬兰选手提出先父不按拳击规则比赛，输赢不能算数。中国选手要求按他们认可的规则再行比赛，但对方却怕再次丢人现眼，不敢登场应战。

孰知两天后，一名英国拳师又向中国国术队挑战，并且扬言，只用三拳就能把寇运兴打倒在地。为了维护中国人的尊严，先父毫不退缩，毅然应战。这个英国人个头更高，一身横肉，看起来是个"大力士"。先父暗中琢磨，若和他硬拼恐难以取胜，必须以巧、智取之。战幕一拉开，对方连珠炮般地发动攻势。先父发挥中华武术闪、展、腾、挪的特点，避其锐气，伺机下手。斗了十几个回合之后，英国拳师已经有些气喘吁吁，锐锋渐减；先父仍然步法灵活，沉着应战。当周旋到20多个回合时，先父故意卖了个破绽；对方求胜心切，以一个右勾拳猛力向先父打来。此时，先父不慌不忙，左臂沉撩，格开对方右拳，迅速以右手剑指使出"仙人指路"的招数，点中对方的乳突穴。只听"啊哈"一声，英国拳师像堵山墙一样跌倒在地，呻吟不止。保健医生跑来抢救，查看全身并无伤痕，就是坐立不起。这时先父走上前去，用剑指照其太冲穴上轻轻一点，英国拳师便如梦初醒，坐了起来。他略一定神，立即起身溜下台去，惹得观众一阵哄笑。在场的华侨和中国留学生皆扬眉吐气，长时间鼓掌、欢呼。

此后，中国国术队还应邀到法兰克福、汉堡等城市表演，场场受到热烈的欢迎。

1938 年 6 月 6 日开封沦陷后，先父携全家回到许昌，担任许昌救济院院长（院址在今西署街路南）。他除处理日常院务外，还潜心研练武子梅花拳，务穷其理，精益求精，对梅花门的造诣更深。1944 年 5 月 1 日，日军占领许昌后，他又携家避居我老家寇庄，坚决不给敌伪做事。

1945 年秋，日本投降后，先父和我兄弟姐妹一同回到许昌县城，以经营商贸实业谋生。这时，大姐凤兰已经出嫁，小妹凤仙也长大成人。先父一早一晚着意教我兄妹武术，同时按照点穴法要领，让我弟保成学习针灸。1946 年 9 月，先父出任许昌国术馆馆长。1947 年，河南省第五行政督察区所属各县在塔湾大操场举行运动大会，他担任国术总裁判。我兄妹在这次比赛中都取得了较好成绩。

1948 年春，先父携带家眷到达汉口，居住在硚口武胜路，认识了房东宋昆山。他就在宋家院内成立了个国术班，教宋的儿子和几个蒙童学武术；随后又在利济路开了个针灸诊所。

武林名家寇运兴来汉的消息不胫而走。7 月的一天，武汉"三雄"突然登门造访。这"三雄"都是声名显赫的国术教头，分别叫蔡化子、于化子、林化子，又称江汉"三子"，先父与他们相见之下，按照武林术语，互道敬慕之意。茶罢，蔡化子要求先父走几趟本门拳法赐教。先父深知其来意，毫不推辞，遂一同来到院中，打了一套梅花拳，"三子"看先父出拳时树叶为之震落，足过处脚印陷入地下，连五掌、连五脚、推手、抄手、砸针、伏虎招数变化无穷，都是绝顶的真功夫，不由得频频点头，打心眼里赞赏、佩服。

自从先父威震"三雄"之后，名声大噪，前来投师学艺者越来越多。在众多的弟子之中，先父和继母唯独看中了一位叫黄汉国的小伙子。他学习刻苦、功夫深邃、敬师爱友、仗义任侠，继母就让自己的侄女与之联姻。后来，汉国在先父的教导下，得到我梅花门真传，又在汉上设场授徒，打遍汉西 50 里内无敌手。其武功之高超，为我兄妹所不及。

先父在汉口居住 20 余载，在武术界享有较高声誉，被历届运动会聘为武术裁判长；设场授徒达 4000 余人，使武子梅花拳在湖北广为流行。同时，他还开设诊所，当汽车修配厂的保健医生，担任针灸学习班讲师，以一根银针行医济世，治愈了上百例的疑难杂症，对医疗卫生事业亦有所贡献。

1978 年，中共十一届三中全会以后，先父看到传统武术又受到政府的重视，深感欣慰。此时他虽已年届八旬，仍壮心不已，欲将生平武艺与针灸、点穴诸法编写成书，传流后世；惜已病魔缠身，不能成篇。弥留之际，他将我与妹凤仙叫到床前，再三叮嘱务将此二书编辑，整理成册，以了夙愿。

1982 年 12 月 3 日，他老人家与世长辞。我兄妹与师姐郭力，秉承先父遗愿，以他生前的笔记、讲义为依据，结合我等早年所学，认真回忆、研习、琢磨，将武子梅花拳的有关源流、基本理论、主要基本功及有代表性的拳械套路进行整理，一招一式分解制图，进行录像、拍照。经中国武术协会审定，该书于 1991 年 8 月由人民体育出版社出版发行。这不仅补偿了先父的一桩未竟之志，而且为中华武术文库增添了一分春色。

中国乒乓男团首夺世界冠军纪实

徐寅生　李富荣　庄家富 等口述　袁念琪 采访整理

1959 年 4 月，新中国成立十周年前夕传来了两个"第一"的喜讯：一是 4 月 5 日，容国团在第 25 届世乒赛上为中国夺得第一个体育世界冠军——男子单打圣·勃莱德杯；二是第 25 届世乒赛期间召开的国际乒联大会决定：第 26 届世乒赛将于两年后在北京举行，这也是中国首次举办国际体育大赛。

国际乒联是新中国参加的第一个国际体育组织。直到 1971 年 10 月恢复在联合国的合法席位前，我国尚被许多世界单项体育组织拒之门外，国际乒联是个美好的例外。这次第 26 届世乒赛在我们家门口举办，不仅有利于中国乒乓球水平的进一步提高，也向世界开启了一个展示新中国的窗口和交流平台，全国上下对此寄予厚望。

为了"一百零八将"，半个国家体委都被搬到了乒乓球队

为备战第 26 届世乒赛，时任国务院副总理兼国家体委主任贺龙指示：国家体委成立领导小组，由副主任荣高棠挂帅，成员有李梦华、张

之槐和陈先等；同时组织一支集训队，从全国选调精兵强将。

徐寅生（第 26 届世乒赛男团世界冠军队成员、国家体育总局原副局长、国际乒联原主席）：先是从全国青少年比赛和第一届全运会中选出 170 多名运动员编成四个队，分别在北京、上海、广州等地集训。经过三次比赛，再从中选出 108 名运动员，组成国家集训队，于 1960 年 12 月起在北京工人体育场集训。

在京集训的 108 人，人称"一百零八将"。其中男选手 62 名，以上海和广东最多，各 11 名；女队员 46 名，最多是广东 8 名，其次是上海 7 名。男选手中有容国团、庄则栋、徐寅生、李富荣、张燮林等，女选手则包括邱钟惠、林慧卿、王健、郑敏之、李赫男、梁丽珍等，此外还有教练员 9 人，领队 5 人。这些人中，总的来看上海人最多，李富荣就是其中之一。难怪参与过集训的人曾半开玩笑地说：当年在乒乓球国家队里到处都讲的上海话。

李富荣（第 26 届世乒赛男团世界冠军队成员、国家体育总局原副局长）：当时我在中国青年队，也随队于 1960 年与国家队合并。我们这批"一百零八将"统统住在工人体育场，我与容国团分在一个房间。当时不是上下铺，是单人铺，八人标准的房间一般也就住五六个人。

一起住进来的还有荣高棠所率的一批国家体委的司局级干部，他们现场办公，与运动员、教练员们共同生活。人们感叹贺老总此次的决心之大，纷纷说：这下子可把半个国家体委都搬到乒乓球队了！

全国优秀的乒乓球运动员齐聚北京后，被要求向解放军学习，进行大运动量训练，一切从难、从严、从实战出发。针对世乒赛七个比赛项目，集训主攻团体赛，分攻单打和双打，并在考察国际乒坛实力后锁定了两个目标——日本和欧洲。傅其芳这位从香港回到内地、经验丰富的男队教练还提出，中国要走快攻打法，积极主动地去打，坚持"快、准、狠、变"的风格。

运动员在集训中经常跑万米，从工人体育场跑到北京火车站再折返。这是徐寅生最头疼的训练项目，但他坚持每次跑完全程，把这当作磨炼意志的绝佳机会。随着长跑恐惧的消除，集训的甜头和感悟也与日俱增。

徐寅生：通过集训我领悟到，强与弱可以易势。具体联系到与日本选手的力量对比，我的反手技术、近台技术、速度要比他们强。日本队既要卫冕冠军，又在明处，容易背包袱；而我身在暗处，压力小。这样一分析，我的信心就增强了。集训除了抓训练，也抓学习。队里引导我们学习毛主席著作，运用毛泽东思想联系实际，学会分析处理训练比赛、思想作风上的各种矛盾。

李富荣：当时我们有两个学习榜样：一是为中国夺得首个世界冠军的容国团，他那句"人生能有几回搏"的名言曾让我们那一代人热血沸腾；还有一个是1960年5月25日创下人类首次从北坡成功登顶珠穆朗玛峰的中国登山队。当时，这些榜样的力量已经超出了体育界，对各行各业搞好本职工作都有积极意义。

参加集训的人都明白，尽管相比于第25届多特蒙德世乒赛的区区11人国家队名单，此次本土作战的人数已经大幅上升——单打有男女选手各32人参加，但究竟不是人人能打上比赛，注定有人要做铺路石。在他们之中，梁友能从运动员转为教练。他曾在有庄则栋、李富荣、周兰荪等高手参加的全国六院校乒乓球赛中获单打冠军，现在则服从大局辅佐傅其芳，分管张燮林等削球手。在接下来的第26届世乒赛上，中国队的非主力选手张燮林击败夺冠呼声最高的日本选手星野之木，成为中国男单夺冠的开路先锋。此外还有从印度尼西亚回国的19岁选手李光祖，他被安排模仿匈牙利选手打法，陪练主力队员，无怨无悔，竭智尽力。

李光祖（第 26 届世乒赛中国集训队成员）：那时候，国家的物质条件不是很好，但是队员们一心想着为了祖国。祖国让做什么，就做什么；党让做什么，就做什么。

集训正逢三年困难时期，食品奇缺，但集训队获得了特殊待遇。

李富荣：三年困难时期，对许多人来讲是很难过，但对我们而言应该说还是很可以的。你想，鸡蛋、牛奶、白面、肉，都有基本保证。当时国家很困难，但对我们的照顾应该讲是挺好的，这一点我很感激。

为举办世乒赛，北京还新建了能容纳一万多人的工人体育馆。徐寅生从宿舍里，就可见到体育馆在一点点成形。可是有一天，工地的机器声却消失了。

徐寅生：原来是钢材、水泥和资金碰到了困难，我们心里都很着急。后来在全国多方的支持下，工程又慢慢恢复了，体育馆如期完成。

弧圈球——日本队的"核武器"，如何制服它？

距第 26 届世乒赛开赛还有三个多月时，紧张备战的中国队听说日本人发明了一种新的进攻技术——弧圈球，有日本记者称它为获胜的"核武器"。

徐寅生：我们第一次听说弧圈球是在匈牙利队和南斯拉夫队联袂访问中国的时候，听说最近他们去日本访问时，被日本的一种全新进攻技术打得一塌糊涂，甚至连球都接不到，因为这种球旋转极强，他们防守时不是一碰就飞，就是一碰就出高球。

匈牙利乒乓球男队可是一支老牌劲旅，世乒赛 25 届历史上共获得男团冠军 11 次，日本队不过只有 5 次。可是，弧圈球到底是个什么鬼？匈牙利队却没弄明白。

徐寅生：日本队的这一新动向引起了中国乒乓球界的高度关注。我们的体育科研所赶紧去了解情况，集训队领导也召集教练员、运动员一起商量对策，并让几位运动员模仿试验。刚开始模仿时，怎么拉球也拉不像，后来改变了拍形再拉，才慢慢摸到了一点门道。

这时有消息传来：日本队要到香港访问比赛，做赛前适应练兵。因为香港队的打法与内地相似，多是直拍攻球，于是上级派广州人庄家富赴港去探个究竟。

庄家富（前乒乓球国手、中国乒乓球队教练）：我心里明白，这是要你去"搞情报"。因为我对香港也不太熟，国家体委请新华社香港分社帮忙，派人在深圳国旅与我接头。见面时，那位同志拿出一副墨镜让我戴上，说这样效果好。

接下来，两人分开各自入关，到香港后再会合。于是，穿西装打领带戴墨镜的庄家富，揣着国家给的1000英镑走上了罗湖桥。

庄家富：那时候香港规定，边防过了中午12点就关门，而我去的时候已经下午2点了。警察问我："你干吗啊？"我事先与新华社同志做了功课，就说："放假到香港玩几天。""住哪里啊？"警察又问。"住九龙。"就这样，警察看我气定神闲的样子，也就放行了。我本打算到香港后住旅馆，但新华社的同志说不能住，容易暴露，于是就住在他家。他家里只有他爱人知道我的身份，并告诉自己孩子："这次来的是你表哥。"

庄家富在香港"昼伏夜出"，晚上出去看球，三天看了两场，白天则在家整理资料。

庄家富：看球的时候，我注意观察弧圈球是怎么拉的，它的威力到底在哪里，并把这些记在报纸旁的空白处。看着看着我有些明白了，弧圈球其实是长的上传球、摩擦球，用球拍中部摩擦球的上部，这样球就非常转。我亲眼见到香港冠军吴国海败在弧圈球下，他一削球就飞出了界。观众见他接不住，失望地直骂：什么冠军，回家捡大粪吧！

探清秘密的庄家富归心似箭，他在香港坐晚上 7 点多的末班火车赶回广州，又从广州坐末班飞机到北京，此时已是夜里 10 点，国家体委的车直接把他接到华侨饭店，马上开准备会。原住工人体育场的球队，此时已经搬到这里。参加准备会的，有准备打团体赛的队员，还有教练和荣高棠。

庄家富与容国团住同一房间。弧圈球对容国团的搓球打法有很大威胁。

庄家富： 容国团问我，弧圈球怎么样？我说，弧圈球对付搓球的确有一套，尽管它速度不快，但上旋力很强。但弧圈球也不是想象中这么牛，当时日本队和中国香港队打了两次比赛，日本队里拉弧圈球最好的星野就输给了香港的刘锡恍，刘和你一样，都是快攻打法。

要制服弧圈球，就要有对手练。为保证主力队员能得好成绩，一些队员主动学弧圈球做"靶子"陪练。先有"一百零八将"中的薛伟初、胡炳权等老队员，后有廖文挺、吴小明和余长春等年轻队员。

徐寅生： 第一次接弧圈球就让我大吃一惊，因为来球的上旋实在太强，我的拍形控制不住，球一下子蹿起老高，出界很远，不是一般远，而是飞出了栏板。我怎么也没有想到弧圈球的旋转会有那么强，如果是在比赛中第一次碰到这种球，不仅会失误不断，心理上也会受到重创。可是，练得多了以后大家发现，尽管弧圈球威力巨大，但也不是无懈可击。它对付下旋球比较有效，但对于速度快的来球还难以发挥作用。

"国产"弧圈球选手每天要轮番陪练五六个主力队员，做到重点保证，随叫随到。拉弧圈动作大，每拉一板都要很大力量，他们每天甩臂转腰上千次，把胳膊都拉肿了。正是有了他们，我主力队员对付弧圈球的技术才有了很大提高。第 26 届世乒赛中，庄则栋未失一分夺得男单

第26届世乒赛男团决赛的关键时刻，中国历史上首位世界冠军容国团以"人生能有几回搏，此时不搏，更待何时"的气势力挫强敌日本队员星野，最终中国队以5:3战胜日本队首次问鼎斯韦思林杯

冠军。他曾回忆道："陪练队友不争名、不争利，很辛苦，为的是国家荣誉。我是代表我们的集体领奖！"

终于搏出了个斯韦思林杯

1961年4月4日，第26届世乒赛在北京开幕。来自30多个国家和地区的200多名优秀选手，为七个项目的桂冠展开拼搏。

战前动员时，贺老总给庄家富留下了深刻印象。

庄家富：他刚视察部队归来就到球队，上来第一句话就讲："打球和打仗一样，你不怕输就不一定输。所以，你们去参加比赛，第一要有信心，第二不要怕输。"然后，他把自己的假牙一拔，说："大家看看，我这个门牙是怎么打掉的？有一次我带部队往前冲锋，前面这个子弹呼呼的就像风吹过来一样，就这样被打掉的，可是我贺龙不怕死。比赛和打仗一样，一定要勇敢，一定要不怕输。"贺老总一番生动的动员，对大家鼓舞很大。

1961年4月9日，中国男子乒乓球队在北京举行的第26届世界乒乓球锦标赛男子团体比赛中首次夺得男子团体世界冠军

在第25届世乒赛男团半决赛中，中国队负于匈牙利队，没能实现原定夺冠目标。这回主场作战，中国队不负众望，连续击败联邦德国、厄瓜多尔、民主德国、蒙古、加纳、尼泊尔和缅甸等队。半决赛中再次对阵匈牙利队时，又以5:1大胜对手，昂首进入决赛，与上届冠军、自第21届世乒赛以来连续五届夺得男团冠军的日本队争冠。赛前，容国团对庄家富说："你在香港探球时，我们也在假设中日如果对阵决赛谁赢的可能性较大，有人说中国的胜率是51%，也有人说最多不超过49.5%。"

中日男团决战一票难求。且不说想看的人多，像这样的国际赛事，当年是要经过政治审查合格后才能给票的。为了使队员们安心参赛，上级特意照顾大家，给每人花3元钱买了一张决赛票以送亲友。

4月9日，决赛大幕开启。中国男队阵容为容国团、王传耀、庄则

第 26 届世乒赛中国男团"五虎将"，左起：庄则栋、王传耀、容国团、李富荣、徐寅生

栋、李富荣和徐寅生，其中上场三人，为容国团、庄则栋、徐寅生。比赛采取 9 盘 5 胜制，教练傅其芳与班子反复推敲后定下中方出场顺序为：庄则栋打 1、5、9 盘，徐寅生打 2、4、7 盘，容国团打 3、6、8 盘。日方情况是：星野展弥打 1、4、8 盘，木村兴治打 2、6、9 盘，荻村伊智朗打 3、5、7 盘。

比赛十分激烈，比分三度打平。庄则栋拿下开门红，2∶0 完胜星野展弥，但接下来徐寅生则以 1∶2 不敌木村兴治，总比分打成 1∶1。第三上场的容国团又以 0∶2 输给荻村伊智朗，此时，第四出战的徐寅生并未被前败所扰，一举击败星野。尤其是在第三局，徐寅生上演了连扣十二大板的好戏。当时，徐寅生以 20∶18 领先，星野发球，徐寅生侧身抢攻扣杀，星野赶紧远离球台放高球。

徐寅生：按说这时我应该发力猛扣，力争一板解决战斗，但在这至关重要的时刻，操之过急反而容易失误。看到星野已远离球台，无回手之力，我便用中等力量连扣他的反手，寻找最后发力扣杀的机会。他也在寻找机会转守为攻，但被我牢牢控制住，只得死心塌地连续放高球。他的唯一希望，就是我扣杀失误。

中央电视台的现场解说员张之，在徐寅生扣下第三板后就跟着扣球喊：四板！五板！六板……场内万名观众也齐声呐喊。这时，第11个高球过来了，徐寅生往他中路猛扣第12板，星野接球失误，球到界外，徐寅生以21：18获胜！全场欢声雷动，总比分再度打平，2：2。第二次上场的庄则栋再传捷报，2：0胜荻村伊智朗，至此他一人独得两分，也使中国队再次以3：2领先。有"小老虎"之称的庄则栋是中国队年龄最小的，以直拍近台两面快攻的打法，气势逼人，发挥稳定。遗憾的是，随后容国团却又以0：2不敌木村，双方以总比分3：3第三次打平。

第七盘，第三次出场的徐寅生2：0胜荻村，中国队以总比分4：3第三次领先。决赛到了关键时刻，接下来第八盘容国团对星野，若胜则中国队就将以5：3夺冠，若输则要打第九盘定输赢。现场的气氛顿时凝重起来。此时容国团已输了两盘，对手星野之前也输了两盘，双方的压力同样巨大。

徐寅生：我们非常能理解此时容国团面临的压力，先输两盘，他可是世界冠军，是队中的绝对主力，是台柱啊！

辅助傅其芳教练的梁友能负责运动员赛前准备和赛时战术传达。这时，傅其芳让他转告容国团几条战术：一定要放开打，星野弧圈球的能力不如其他两人。所以，只要放开打形成快攻，胜算很大。

在休息室，梁友能见到了容国团，还有特意从主席台上过来的荣高棠。

梁友能（时任中国乒乓球队教练）：荣高棠并没有批评容国团，相反还积极鼓励他，说："你现在要丢掉世界冠军的包袱，轻装上阵。不就输了两场嘛，你现在就当自己什么冠军也不是，去拼这个日本的全国冠军星野，把他拼下来！"听到这话，容国团的情绪一下子被调动起来了，满面通红，两眼放光。当我把傅其芳教练布置的战术意图向他传达后，他斩钉截铁地说："你们放心吧，我会拼的！"

银色的乒乓球再次被抛了起来，恰如升起了一颗拼搏的信号弹。第一局，容国团赢，第二局又以20∶18领先，眼看再下一球就赢了，可惜容国团打丢了这个近网高球，继而被对方追平逆转，双方打成1∶1。

这时，队友徐寅生也到场子里来加油，他想尽可能走近一点，没承想却挡住了掌控灯光的工作人员视线。他们猛拍玻璃，叫他闪开一点，因为只要容国团一赢下来，他们好即刻将场内灯光全部打开。军乐队几次起身准备奏乐，又坐下，拿起乐器和指挥棒，又放下……

徐寅生：打到最后一个球的时候，大家都目不转睛地盯着，真是看得人心惊肉跳、惊心动魄。双方在反复相持，看不出谁比谁更有利。正在这时，突然星野拉球出界了。当时，容国团还处在紧张应对来球的状态，见状还愣了一下。当他意识到已经获胜时，一下子就跳起来了。

终于，容国团以21∶18获得第三局胜利，并最终以2∶1拿下星野。中国队以总比分5∶3击败日本队，第一次捧起了乒乓球男团世界冠军——斯韦思林杯。此时的体育馆已经沸腾了，灯光全部打开，观众都跳了起来。

徐寅生：大家兴奋地把身上能扔的东西都扔了。后来打扫场地的时候，什么帽子、围脖的，收了好几大筐。

李富荣：我很佩服容国团，在这个关键时候能够咬得下来，确实难能可贵。关键时刻，运动员的战斗意志发挥了关键作用。他再一次实践了自己的那句名言：人生能有几回搏。

在第26届世乒赛上，中国队共夺三项冠军。除男团外，庄则栋和邱钟惠分获男女单打冠军。此外，中国队还包揽男单前四名，李富荣获亚军，徐寅生和张燮林并列第三，王健则获得女单季军。这一胜利不仅开启了世界乒坛的中国时代，也翻开了中国体育事业新的一页。从此，小小银球在960万平方公里的土地上大热并被推崇为国球，乒乓球也成为中国走向世界的一张新名片，其影响力也远远超越了体育。李富荣对此曾深有感触地说："在我们国家最困难的时候，乒乓球取得好的成绩，鼓舞了人心，给了老百姓信心！"

奥运会上第一次升起五星红旗的人

——许海峰

———

王晓辉

1984 年 7 月 29 日是所有华夏儿女不会忘记的日子。第 23 届美国洛杉矶奥运会第一个比赛项目结束后，雄壮的《义勇军进行曲》奏响，伴着冉冉升起的五星红旗，中国沸腾了，中国人流泪了。这是奥运会历史上第一次升起五星红旗。创造这个历史奇迹的人就是 27 岁的气手枪射击运动员许海峰，他以 566 环的总成绩获得了这个项目的奥运会冠军。

沉着、冷静、自信使他屹立于强手之巅

那一天他和队友们很早就起床了，吃完早饭后乘第一班车从奥运村出发，用 1 小时 15 分钟走了 87 公里路到了比赛场地，此时是 8 点多钟。许海峰取出枪支，再一次检查并擦了一遍，又把每一颗子弹也擦了一遍。9 点钟，裁判员宣布比赛开始。第一组 10 发子弹，他打了 97 环。第二组又打了一个 97 环。第三组打到第八发子弹时，出现了一个 8 环。

这时，第一次参加国际重大比赛的许海峰离开射击场地，他要休息一会儿，沉静一下。按照比赛规则，一共要打 6 组，每组 10 发子弹，然后计算总成绩。许海峰又回到比赛场地，第三组打了 93 环，第四组也打了 93 环，第五组打了 95 环。

这时，全场只剩下他一个运动员了。他身后有很多记者和观众围观，一方面加大了他的思想压力，另一方面他心里也明白，如果前边打得不好，没有夺冠的希望，也不会有那么多人围观。第六组前 7 发子弹，只打了一个 10 环，四个 9 环，还出现了两个 8 环，平均还不到 9 环。有过射击经历的人都知道，一般在这种情况下，射手很难控制自己的心理和行为，要么硬着头皮打下去，要么采取冷静的办法调节一下自己。许海峰这时想，照这样再打下去，肯定要出问题的。于是，他又一次停下来。休息了十几分钟后，他又用空枪预习了四枪，感觉好了以后，再装子弹，射击。结果打了一个 9 环，两个 10 环。

许海峰从射击场地下来以后，国家体委的两位副主任陈宣和黄中拥上来祝贺，然而他似乎什么也没有听到。从射击场地到休息室也就是 100 米左右，他走了 20 多分钟。此时的他心里并不轻松，一是比赛时高度紧张，又是第一次参加国际大赛；二是他感觉自己没有发挥好，打得并不理想，而且还要等裁判组验完靶纸后才能知道真正的比赛结果。过了半个小时，裁判组通知许海峰是第一名去领奖。只领先第二名 1 环。

他到了领奖处又等了半个多小时才给颁奖。事后才知道，射击组委会没有想到，仅第一天的比赛、第一个项目，中国运动员就有两位进入了前三名，他们只准备了一面中国国旗。当时，萨马兰奇主席也在那里等，专门派直升机又取来一面中国国旗。

当中华人民共和国国歌奏响，鲜艳的五星红旗在第 23 届美国洛杉矶奥运会颁奖台冉冉升起时，许海峰感到无上光荣。中国人民的奥运会金牌梦想，在中国共产党领导下的新中国，终于实现了。

此后，许海峰又做了 10 年运动员。国家体委承认的世界杯总决赛、世界锦标赛和奥运会世界冠军，他获得了 13 个。为此他获得了国家体育总局颁发的最高奖项：体育运动荣誉奖章。

天赋、勤奋、刻苦使他的梦想成为现实

许海峰 1957 年 8 月 1 日出生于福建漳州，1972 年全家回到了安徽省和县。1974 年底到农村插队落户，先在农田里干活，两年以后又当了两年半的赤脚医生。1979 年 10 月招工回到县城供销社当营业员。1982 年，一次偶然的机会，他得知读中学时的体育老师在地区做射击教练，于是向老师提出参加射击，老师很痛快地答应了他去试试。1982 年 6 月 5 日，许海峰来到地区参加射击集训，8 月 25 日参加安徽省第五届运动会比赛，他以 370 环的优异成绩获得了第一名，并且超过安徽省这个项目的纪录 26 环。

这在安徽省引起很大轰动。因为许海峰用的是非常差的装备——内蒙古产的双羚牌气手枪，60 元一支，子弹是民用子弹，安徽省队的专业运动员用的是德国进口枪弹，并且他领先第二名 13 环。这次比赛结束后，他又回到县供销社当营业员。1982 年 12 月 8 日，许海峰正式调到省队，作为正式运动员参加集训。1983 年 3 月，到上海参加华东协作区比赛，获得了两个第一名，并打破全国纪录。1983 年 7 月，许海峰调到国家队，参加在印度尼西亚举办的亚洲锦标赛，获得了两个第一名、两个第二名。紧接着，9 月在全国第五届运动会上，他又获得了两个第二名。11 月进入国家队参加奥运会的集训。

当时国家队抽调了六名运动员，只有许海峰训练时间最短，只一年多。经过三个月的集训，参加了国家队的三场选拔赛，又参加了两场全

国比赛，许海峰排名第二，平均成绩 563.5 环。比第一名王义夫差 0.5 环，第三名是 557 环。按照奥运会比赛规定，只许两人参赛，王义夫没有问题。另外一名谁去？国家队争议很大。最后确定，各打一场比赛，谁的成绩好谁去。1984 年 4 月，到美国洛杉矶参加奥运会热身赛的许海峰以 568 环的成绩获得了第一名。因此，国家体委决定许海峰参加第 23 届洛杉矶奥运会。

许海峰没有辜负祖国和人民的厚望，中华人民共和国国歌第一次在奥运会上因他而奏响；五星红旗第一次在奥运会上因他而升起；他终于成为中国参加奥运会第一块金牌的得主。

用心、尽责、励志使他培养出奥运冠军

1993 年底，许海峰患了眼疾。1994 年他坚持打了一年比赛，获得了世界锦标赛冠军和日本广岛亚运会冠军。但是随后，他的视力不适宜参加比赛，只好从挚爱的射击运动员岗位上退了下来。

组织上让他做国家射击队女子手枪的主教练，征求他的意见。接，还是不接？运动员转型是个普遍规律，选择一个平平稳稳的去向呢，还是不负组织上的期望，承担起培养奥运冠军的重担？许海峰思想上有一番斗争：自己没有做过教练，女子手枪虽然没有夺得过奥运冠军，但却是比较强的，能不能带好女子手枪队呢？他认真翻阅了有关资料，发现国际上这个项目整体水平有点下降，我们国家女子队整体水平趋于稳定。只要共同努力，一定能出奥运冠军。有志者事竟成，他喜欢这句话。

三天以后，许海峰领命。他花了将近半年时间，悉心研究怎样做教练，研究运动员的性格、技术特点，然后正式作为教练指导她们训练。1996 年第 26 届美国亚特兰大奥运会上，中国射击队不太顺利，我们的

运动员被安排在最后比赛。前五天没有金牌，国家队里的气氛非常紧张，运动员的心理压力可想而知。许海峰凭着自己的临场经验，引导、鼓励运动员排除一切干扰，兢兢业业比赛。李对红运动手枪以 589 环的成绩排到资格赛第一名。一个小时后进行决赛时，李对红以 3.1 环的优势获得了这个项目的奥运会冠军。

1997 年，许海峰看准了上海的陶璐娜，将她调进国家队调教。当年这名运动员就获得了世界杯总决赛冠军。1998 年上半年成绩不错，下半年下滑。许海峰加紧做工作，1999 年下半年，陶璐娜的成绩又开始回升。2000 年第 27 届澳大利亚悉尼奥运会上，陶璐娜终于以优异战绩获得了这个项目的冠军，这在当时是整个中国体育代表团的第一块金牌！

悉尼奥运会结束以后，许海峰被任命为国家体育总局射击射箭运动管理中心副主任，兼任国家射击队总教练、女子手枪队总教练。一人身兼三职，许海峰知道肩上的分量，要培养出更多的奥运会冠军。2001 年他选中北京女孩陈颖，这是一位出色的运动员，曾经在全国运动会、亚洲运动会、世界杯锦标赛上多次夺得冠军。2003 年底，她出现了一些波动。果然，在 2004 年第 28 届希腊雅典奥运会上，她只得了第四名。许海峰很自责，觉得自己没有做好工作。世锦赛冠军到奥运会只有八九个月时间，出了问题，前功尽弃。许海峰调离时，特意嘱咐她家乡的体育局长，说："好好调理，她一定能拿奥运会冠军。"事实应验了许海峰的预言，2008 年第 29 届北京奥运会上，陈颖真的夺得了这个项目的冠军！

新人、新事、新奇使他再次彪炳史册

许多人可能没有听说过现代五项，别说一般的人，就是运动界也有很多人不知道它。这是一个很古老的项目，1912 年就列入了奥运会项目当中。我国在 1980 年才开始搞，当时在我国是一个落后的项目。许海峰经过研究认为，中国人在技能性项目上是领先的，在体能性项目上是比较落后的，而现代五项的射击、击剑、马术属于技能项目，只有游泳和跑步是体能项目。其中，我们的游泳项目能排进前十名。许海峰接受了组织上交给的任务，开始训练这个项目。

首先在训练理念上要更新，采取一些手段，在训练上强调"三从一大"原则，就是从难、从严、从实战出发，加大运动训练。2005 年在匈牙利举行的世界杯比赛中，我国的运动员取得了第三名。这是 20 多年以来，我国运动员在现代五项中第一次获得奖牌。

初试的成功，使运动员、教练员和许海峰得到鼓励，他们继续努力训练，终于在 2006 年 8 月的华沙世界锦标赛中夺得了男子个人冠军！紧接着是备战 2008 年北京奥运会。因为我们的马术在最后 45 秒的赛事中失误，以 2 秒之差输掉了，获得男子团体第四名和女子团体第五名的成绩。其实，这个成绩已经很不错了，但是许海峰和他带领的团队并不满意，他们在总结教训，纠正问题所在。

2008 年第 29 届北京奥运会之后，整个现代五项的规则做了较大调整，把射击和跑步连在一起，过去是一个单项一个单项地赛，现在改为先射击五个靶子，跑 1000 米，再打五个靶子，再跑 1000 米，难度增大了。许海峰认为是好机会，因为国际上开展这个项目早，改革以后我们同他们几乎站到了同一个起跑线上。果然，在 2009 年的世锦赛上，我们夺得了女子团体冠军。

2010 年中国广州亚运会前，赛前有记者问许海峰，亚运会有什么任务？许海峰回答："必须拿金牌。"

在落后第一名 300 多分的压力下，运动员在射跑连项中，不但把落后的 300 多分追了上去，还以超过第二名 1300 多分的成绩荣获女子团体金牌！此外，还夺得男子团体银牌、男子个人金牌！

　　成功与荣誉属于过去，许海峰和他带领的团队已经在积极筹备 2012 年第 30 届英国伦敦奥运会。

　　他们是体育界创造历史的人，历史会永远记得他们。

　　"发展体育运动，增强人民体质"是毛泽东主席发出的伟大号召，体育事业的蓬勃发展必将提高中国各族人民的身体素质，丰富历史悠久的中华民族文化内涵，密切中国人民与世界各国人民的友好交往，为造福全中国和全人类作出更大的贡献。

为有豪情似旧时

——女排精神的过去与现在

鲁光*口述　潘飞 采访整理

　　我从 1960 年起到国家体委主管的《体育报》当记者，算是新中国体育发展历程的一个见证者和记录者。1981 年女排首次夺得世界冠军前我去实地对她们做过采访，并在这个基础上写了一部长篇报告文学《中国姑娘》。现在我已年届八十，早已淡出体育采访一线。30 多年来，女排队伍已经换了好几茬，这届中国女排的姑娘们，除了主教练郎平，我一个也不认识。所以今年的巴西里约奥运会，我只是一个普通观众。当然，如果说我这个观众和其他人还有哪些不一样，那可能因为我亲身经历、记录过中国女排的发展过程，有着更加独特的女排情结。更何况，老女排的郎平在这支队伍里当主帅，这些都让我对出征里约的中国女排抱以更多的关注。

　　当姑娘们在小组赛中输掉三场时，我心里有些遗憾，但并不惊讶，

---

* 鲁光，《中国体育报》原社长兼总编辑、人民体育出版社原社长。

一扣定乾坤

毕竟这届女排队伍还很年轻。可是，当见到姑娘们从逆境中奋起，先后击败世界强队巴西和荷兰，进而绝地反击击败塞尔维亚夺得冠军时，我惊喜地发现：在这支新队伍中，老女排精神又回来了！

当我坐在电视机前，感受着姑娘们那股不服输、不言败的拼劲，一种久违的感觉油然而生，郎平、孙晋芳、张蓉芳、陈招娣、周晓兰等30多年前那支老女排队员的身影开始一个个浮现在我眼前。

不一样的女排姑娘，一样的女排精神

1981年春雨绵绵的时候，我来到湖南郴州国家女排训练基地，和这

1981 年 11 月 16 日，中国姑娘在日本举行的第三届世界杯女子排球赛中，以七战七捷的佳绩，首次问鼎世界冠军

支队伍一同生活了半个月，亲眼见证了老女排姑娘们"爱拼爱胜爱搏"的精神风貌，我那部反映女排队员的长篇报告文学《中国姑娘》也主要是在这次亲身经历的基础上写成的。

郴州基地条件很差，训练馆是用竹棚搭的，最早里面是泥地，一练一身泥。后来铺了竹地板，地上又都是毛刺，姑娘们训练完以后就相互比谁身上拔出的刺儿多。

场地条件艰苦，训练又很单调枯燥。当时，陈忠和给姑娘们当男陪练。他站在高凳上往姑娘们身上大力扣球，球又快又狠，砸在身上就青一块紫一块，姑娘们则大喊着冲上去接球。呐喊声和球落地的"咚咚"声，让人胆战心惊！所以开始姑娘们都闭上眼睛不敢接。后来我问："为什么要这样练？"队长曹慧英说："你不知道，我们同苏联打过一次，一局输了个 0：15 啊！隔网看过去，苏联队员的大腿比我们的腰都粗，大力扣杀威力太大了。要不这么练，将来在赛场上还不得吃大亏？"

当年曹慧英在队里年纪最大，可也不过 27 岁，却"练"得那叫一

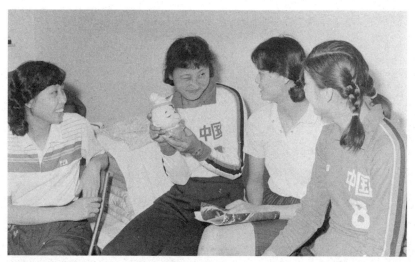

女排姑娘们的轻松一刻

个憔悴。当地老百姓去看训练，心疼地拉着她的手说："哎呀，你真像祥林嫂。"她说："可别这么叫，我是心甘情愿练的。"主攻手杨希在一次训练中把肌肉拉伤了，大腿上肿起一个大包，只得在宿舍里躺着。我去找她聊天。她说："老鲁，你看平时我们哪怕能休息半个小时都很高兴，可现在你听，球场那边的练球声那么清楚，世界大赛马上开始了，真躺不住啊！"

在二传手陈招娣身上发生过一件"两走两练"的事。有一天训练结束，她主动要求加练15个球。加练球要是接不着就算负的，会越练越多。陈招娣救起九个球后，就觉得自己真的吃不消了，可是教练还是没完没了地抛球，气得她扭身要走。主教练袁伟民说："今天练不完，明天第一个练你！"要强的陈招娣听了转身回来继续再练。第二次撑不住了，又走，然后再回来，直到累瘫在球场上。这些都是当时女排所经受的极限训练。

所以，在女排姑娘们心里，对教练可以说是"爱恨交织"。训练时，教练真的像"魔鬼",姑娘们训练下来以后常常"恨"地使劲掐教练的胳膊;赢球后,这种"恨"又会转成"爱",赛后姑娘们把教练抬起来蹾,实际上也是"爱恨"转化之中一种"解气"的表现。1981年,中国女排在日本首夺世界冠军的那场决赛中,陈招娣带伤硬顶着上阵。比赛结束,陈招娣已经走不了路了,是同伴们背她上下车,背她回我国驻日大使馆的。当天晚上开庆功会,队员们都来给袁伟民敬酒,唯独陈招娣不在,一个人在楼上躺着,于是袁伟民端着酒上去找她。陈招娣后来说:"我平时真恨透他了,但是现在一见,却眼泪汪汪地哭起来了,一切都过去了,都不说了,教练,我敬你一杯酒吧。"

所以,说起女排精神,我赞同陈忠和的一番话,这位前中国女排主帅曾说:女排精神不是靠喊出来的,而是靠平时训练中一球一球,比赛中一局一局,细节上一点一点磨炼出来的。因此我想,从30多年前老女排步入辉煌到今天新一届女排姑娘们"王者归来",贯穿始终的就是在这些日常训练和比赛的点滴之中所体现出来的永不言败、永不放弃的体育精神和为国争光的拼搏精神,这就是不变初心。社会上曾经有种看法,叫作"年轻人一代不如一代"。当年,老女排队员用她们的拼搏精神和爱国精神感动了全中国。今天,在这一批年轻的运动员身上,我同样看到了这样的精神。不同年代的中国女排运动员,都用行动作出了回答:中国青年一代胜似一代。

"夺金牌"与"拿牌牌"

袁伟民曾对我说,现在这支女排的身体条件是历届女排中最好的。可是对于这支身体条件不输欧美、去年又新晋世界冠军的队伍,主教练郎平的奥运目标却显得比较低调:拿牌牌。这不禁让我想起当年女排身上沉甸甸的"金牌压力"。

我从事体育记者这行的时候，贺龙元帅担任国家体委主任。当年，我们的乒乓球已经连续拿到世界冠军，其他有的项目也蓬蓬勃勃地起来了，唯独"篮排足"三大球上不去。为此贺老总曾说：三大球不翻身死不瞑目！

"文革"结束后，中国百废待兴，体育界也一样。当时北京大学提出"团结起来，振兴中华"的口号，应当说反映了那个时代全国上下一致的心声。那个年代，太需要好战绩来凝聚人心、激励士气，这也是那时候人们对集体项目、对冠军、对奖杯看得比较重的原因。当时在三大球里，女排冲向世界夺冠的势头是最强的，也是最为人们所寄予厚望的。

获奖夺冠才意味着胜利，也是那时女排姑娘自己的心里话。1977年世界杯中国女排得了第四，这已经是1953年建队以来取得的最好成绩，但是颁奖时发生的一幕却让女排姑娘们特别受刺激。陈招娣说："让我们站在领奖台下的地板上，每人手里发一个黄手绢，要不停地摇晃向得胜者祝贺。那时候就想，只有把实力搞上去了，才不用再受这种气！"

1981年出征日本世界杯前，中国女排队员曾应邀去北大，我也一起去了。距离北大校园还有几十米的时候，就挤不动了，因为全是人，我还是被两位高个运动员架着进去的，一路上都是被挤掉的鞋子。原计划在大礼堂聚会，结果女排姑娘们刚一进去就被"瓜分"了，东一个西一个被学生们拉到校园的各个角落里。记得留在礼堂里的是周晓兰，她被学生们抬起来扔到台上，又从台上扔下来，那场景真是狂热。当时有的女排姑娘说："下回赢了球我们更不敢来了，他们还不得疯了……"可见同学们对女排夺冠寄予了多么高的期望。

果然，当中国女排首夺世界冠军后，北京城万人空巷，全城沸腾，人们敲锣打鼓去天安门游行，北大学生撒传单，还把扫把点着了当火

20世纪80年代的女排训练场景。主教练袁伟民在给队员们讲解技战术要领

把……不止北京，应当说是全民沸腾、全国沸腾。所以当年女排姑娘们在这种情况下夺冠，应当说的确是在承受巨大压力之下做到了把压力变为动力，不负众望。

经过30多年的改革开放，随着中国综合国力和国际影响力的增强，全国上下的自信心也有了进一步增长。拿金牌，升国旗，奏国歌，老百姓当然心里高兴，但人们不再简单地"唯金牌论""以胜败论英雄"。所以这一次中国女排夺冠固然令人欣喜，但人们更看重的是这个过程中女排姑娘逆境不言败的战斗激情。我有一个企业家朋友，他也曾经辉煌过，但现在处在破产边缘，企业一直在死亡线上挣扎。那天他给我发微信，兴奋地说："里约奥运会开始后我天天看，特别爱看女排，郎平和女排精神深深感动和激励了我，我要学习她们这种百折不挠、面对困难挫折的拼搏精神，走出黑暗，走进光明，我相信我的企业重生的日子已经不远了，到时候我们一起庆贺！"

1982 年秘鲁世锦赛，中国姑娘实现两连冠

爱情啊，请你晚一点来

这次奥运会上，我看到一位中国运动员公开向队友求婚的画面，都上了一些西方媒体的头条，这不禁让我想起当年的女排姑娘的情感世界。那时候规定现役运动员不许谈恋爱，同时提倡奉献体育，晚恋、晚婚、晚育，所以爱情称得上是运动员的一个禁区。花前月下谈恋爱都不允许，公开求婚这种事那时候更是不可想象。

当年在郴州基地的时候，为了更多地了解比赛，我想借一位女排姑娘的日记来看一看。我知道上海姑娘周晓兰文笔好，于是就试探着向她提出这个要求。晚饭后，晓兰拿来日记本说："那几页我折出来了，明天早上还给我。"她还跟我"约法三章"：第一，只能自己看；第二，不能往外说；第三，不能公开引用、发表。她还伸出右手小拇指说："拉钩！"日记太精彩了！尤其是她的内心独白："这次离开北京跟往年都不一样，好像心被拴住了……"这是在恋爱啊，有男朋友了。那个不眠的春夜，我一口气读到黎明，摘抄了好几千字，却没有一点儿疲

121

1984 年，洛杉矶奥运会，中国姑娘战胜美国队夺冠的最后一刻

劳感。

那天，我到女排运动员宿舍楼串门的时候，她们问："你的《中国姑娘》写到哪儿了?"我说，正写《爱情啊，请你晚一点来!》这段呢，给你们念念一个姑娘的内心独白吧。于是就念了一段晓兰的日记。姑娘们听了都大叫起来："哇，这么柔情这么美，谁的呀?"我眼睛盯着晓兰，她没有跟着惊叫，脸有些红，只嘟囔了一句"连这都写……"后来，屋里只剩下我们两个人，她没有再提不能引用的事。我暗喜，她这是默认啦!

即便有这样一些小插曲，我在郴州基地这 15 天体会到更多的还是姑娘们的奉献和牺牲，家庭、爱情、身体，没有不奉献和牺牲的。她们从不提什么额外要求，想法也很单纯，就是拿世界冠军为国争光，要做到这点只有拼命才行。

1985 年捷克世界杯，中国姑娘再度夺冠，创造"五连冠"的辉煌奇迹。这是最终胜利那一刻到来时郎平兴奋的一跳

那些年，那些女排主帅

主教练是球队的统帅，堪称"定海神针"。在中国女排的成长之路上，有几位给我留下比较深刻印象的主教练。一位是日本的大松博文，中国女排有今天，跟这个人物是分不开的。1964 年，日本女排首次夺得奥运会冠军以后，周总理把这位日本女排的主帅请到中国来。大松博文擅长采用超极限训练，这种做法被后来的袁伟民、郎平等中国教练或多或少地继承了下来。领教过他训练的中国女排队员曾对我说，当时我们都管他叫"魔鬼大松"，真是"恨"透他了，人都要被"练"死了还在那儿折腾你。有一次周总理在人民大会堂接见他时问："队伍训练得怎么样了？"大松说："还不到日本队训练量的一半。"总理说，那就把你那套移植过来训练她们。大松博文后来对周总理说，中国这批姑娘很聪明，训练上来以后将来肯定要超过我们日本，拿世界冠军。

接下来是袁伟民。他的最可贵之处在于摸索出了一套适合中国自己

主教练袁伟民在指导队员训练

风格的排球之路，并率领中国女排首次登上世界排坛巅峰，从此步入五连冠的历史辉煌。当年我在纪实作品里把中国女排称为"中国姑娘"，把他称为"中国男子汉"。和袁伟民同时代的日美强队，彼此实力都在伯仲之间。世界大赛中，就好像几支队伍都快要冲到珠穆朗玛峰峰顶了，巅峰对决，谁能留在峰顶，谁会摔下悬崖？就是这样一种紧张的情势。一次大赛前，我到袁伟民那儿串门，屋里就他一个人在那儿分析赛情，满屋烟雾缭绕，人都快看不见了，那叫一个苦闷。

一次，袁伟民来我家里小坐，谈起女排首夺世界冠军中的一件事。1981年11月16日，在日本举行的第三届排球世界杯赛中，中国女排连胜六场后首度杀入决赛，对阵此前曾六获世界冠军、被称为"东洋魔女"的日本队。日本队的主教练小岛孝治特意蓄起了胡子。他对袁伟民说："等赢了中国队再刮胡子。"决赛打响之前，他不停地在袁伟民跟前走动，而且老摸胡子。这种挑衅之举是典型的赛场心理战。袁伟民心里说："你就永远留着胡子吧。"他顶住了来自强大对手的技术和心理压力，带领中国姑娘首度问鼎世界冠军。

鲁光（左）和袁伟民在一起

女排两连冠后，随着新老更替的出现，队伍开始变得难带：老的老，伤的伤，新的新……如何带好队伍，是件伤脑筋的事；而同时期日美强队的"教头"，像日本队的山田重雄，美国队的塞林格，都不是等闲之辈，除了球队实力，他们还要相互在赛场上斗智斗勇。所以在女排五连冠的奇迹背后，袁伟民付出了很多。

最近的一位就是郎平。看到郎平我总想起当年的袁伟民，她继承了袁伟民的大运动量训练风格、敢拼爱拼的训练作风以及团结上下一心的队伍管理等优秀经验；而且郎平在场上也很冷静，很少说话，说话不着急，这些也都像袁伟民。同时，郎平在继承的基础上又有创新。郎平现在已经是一位具有国际执教经验的顶尖教练，除去中国队，还带过欧美强队。因此，她了解国际排坛最新的技术发展，在运动医学、体能训练和恢复等方面具备科学的方法和手段，同时熟悉各国队伍的特点，这些对中国女排技战术水平的提高能起到很积极的作用。

郎平还是中国女排队员时，我已经与她有过接触。在我的眼里，作为运动员的郎平，直爽、聪明、好胜，同时爱动脑子，看问题全面到

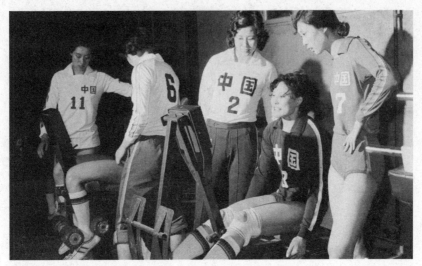

平时多流汗，大赛不遗憾

位，不钻牛角尖，在赛场上有一种傲视群雄的霸气。退役后，郎平选择读书、出国、执教各国球队……走上了一条与众不同的路。30多年来，郎平从冠军运动员到冠军队教练，从"铁榔头"到"郎图腾"，是她人生一路奋斗的结果。对她所取得的成就，国际奥委会官方微博里有一段评说："在中国体育史上，几乎从来没有一个人能连续30年受万众顶礼膜拜。只有郎平做到了。球员时代的五连冠带领中国走上世界之巅；执教以后再次率领中国女排重回世界之巅……这30年来，中国女排的所有荣誉，几乎都和这个女人息息相关。"

然而，郎平担任教练后所产生的争议，和她担任球员期间所获得的夸赞，形成了鲜明的对比。2008年，郎平作为美国女排主帅，在北京奥运会上率队击败中国女排。当时国内不少人对此有看法，有议论，甚至认为郎平背叛了祖国。对于这一点，中国女排前教练陈忠和认为，如果换一种角度看，美国队的教练是我们中国人，而且取得好成绩，这说明我们中国的教练水平很高，也说明中国排球在世界上产生了更大的影

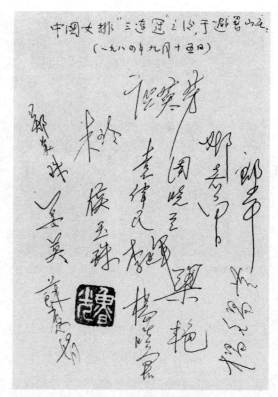

中国女排三连冠后，教练和队员们赠鲁光的签名

响。实际上，包括女排在内，中国许多在国际赛场上取得优异成绩的项目，都曾请过国外的教练。郎平如果不是有过执教国外强队的经历，也不可能把国外的先进经验和训练手段带回国内。现在的世界是一个走向融通的大社会，各国间的体育交流是大势所趋，只有具备国际视野，摒弃狭隘的胜负观，多相互学习，这才符合现代奥林匹克精神，也才有可能真正迈向更快、更高、更强。

女排精神新启示：直面挫折，享受拼搏

1981 年女排首夺世界冠军前，我在中国青年报社讲座时曾说，姑娘

郎平在执教中。30 多年来，她实现了从"铁榔头"到"郎图腾"的成功蜕变

们这么苦练，付出了超人的代价，我个人认为她们应该拿世界冠军，但假如拿不下来呢，女排精神仍然值得歌颂，这就是团结起来，振兴中华，为了祖国荣誉而忘我拼搏。这次里约奥运会女排夺冠前夜，我同样这么想，再拿一个奥运冠军当然好，但即使拿不了，只要女排精神回来，也就足够。

当年，中国女排经过五连冠的辉煌之后，有一段步入低谷，后来一点点回升，再回到巅峰。实际上，单纯从成绩的角度来说，世上没有常胜将军，起起伏伏，胜胜败败，新旧更替，都是体育的规律。所以如果只是盯着比赛成绩，希望一直站在顶峰，结局一定是失望。但是如果从体育中获得一种直面挫折、永不言败的自信，一种享受拼搏、超越自我的愉悦，这才不会错过体育带给我们最珍贵的人生礼物。

关于直面挫折、永不言败这一点，李宁的经历很能说明问题。1988年，"体操王子"李宁兵败汉城（现名首尔），受到国内许多批评和指责。那天，我去奥运村运动员住地找他，我俩找了一处人不太经过的墙根坐下聊了起来。我说："看你虽然输了，但在赛场上还是笑眯眯的。"他说："我是世界冠军，不能那么没有风度，但我回到屋里哭了，很难受，因为我胸前挂的是国徽，我给我们团队丢分了。这次奥运会之后我就要退役了，想弥补也弥补不了，作为运动员我觉得很负疚，所以怎么骂我我都能承受。"正聊着的时候，几个韩国姑娘拿着鲜花走过来，说："李宁，你永远是我们心中的体操王子。"李宁接着又说："不过，我现在还只有 20 多岁，人生之路还长着呢，这次失败对我今后的人生来说未尝不是一件好事。"果然，曾经黯然离开体坛的李宁，日后在商界再创辉煌。

关于享受拼搏、超越自我这一点，这次里约奥运会结束后，主教练郎平有句话很精彩。她说，女排精神不是赢得冠军，而是即便知道难以取胜，一样竭尽全力。30 多年来，随着社会变革和时代变迁，国人的心态已经悄然发生了变化，对竞技体育也不再"唯金牌论"，而更多地追求一种在拼搏中不断超越自我的享受，正像游泳运动员傅园慧说，我对自己的成绩很满意，因为我已经使出"洪荒之力"了。所以，人们对这次出征里约奥运会的女排姑娘们既寄予希望，但也没有非拿冠军不可的要求。这说明，随着时代的发展，国人对于奥林匹克精神"更高更快更强"的内涵也有了新的理解：真正和自己较量的对手是自己，在拼搏的过程中不断实现自我超越，从而感受生活的愉悦，实现精神的享受，这才是体育运动的真正价值。

经过 30 多年改革开放，国人对奥林匹克精神有了更深刻、更准确的理解。直面挫折，永不言败，享受拼搏，超越自我，这是一种自信的体现。这种自信的价值已经远远超出体育界，甚至超出一个民族，成为全人类共同的财富。

中国申办 2000 年奥运会的前前后后

何振梁

　　1990 年 7 月 3 日，邓小平视察为亚运会新建的体育设施。他向陪同视察的北京市和国家体委的负责人说："你们对申办奥运会下决心了没有？为什么不敢干这件事呢？"他老人家虽然只是提问，但在场的所有人都理解，这是他老人家下的斩钉截铁的决心。邓小平的决心说出了人们的心里话。北京市和全国体育界一片欢腾。

众盼奥运

　　1991 年 2 月底，中央正式批准关于北京申办 2000 年北京奥运会的报告。5 月 13 日，北京申办 2000 年奥运会委员会正式挂牌。从那时算起，到 1993 年 9 月在蒙特卡洛国际奥委会 101 次全会投票选定举办城市止，申办 2000 年奥运会的工作历时前后近三年。三年之中，在中国这个有 12 亿人口的国家里，全国上下为力争实现这个愿望，心往一处想、劲往一处使，真是拧成了一股震撼山河的力量。

然而，申办工作并非一帆风顺。首先是观念上的转变。

申办工作是一项主要以争取委员和国际体育组织的支持为目的的对外工作，它既应遵循我国的对外方针政策，又要按照申办自身的"游戏规则"办事。这是一门艺术，并不是从一开始人们就懂得这一点。北京奥申委的有些人曾强调外事要"以我为主"。这当然是对的。但在申办工作中如何理解和体现"以我为主"，我花了相当多的时间和精力，也通过实践本身的教训，才使大家理解了：申办工作中除了对涉及国家利益的原则不能有丝毫含糊外，我们的一切工作要从有利于我申办成功出发，这才是真正的"以我为主"，而不是要别人来适应我们的习惯和要求。

大家的努力没有白费，奥申委的工作愈到后期，愈达到了"专业水平"。1993 年 3 月，国际奥委会派出的评估委员会来北京考察时，奥申委同他们座谈。奥申委在这个委员会成员的座位前，人手一册，摆好了北京申办的各方面情况的汇报材料。这是在万嗣铨秘书长的指挥下，连夜赶出来的一份印刷和装订质量上乘、内容翔实的材料。连我这个爱以挑剔的眼光严格要求的人，也感到惊喜和满意。

我一般只参加国际奥委会的有关会议，很少参加对外访问活动，也不愿意老往国外跑。但是如今要申办，奥申委领导人就要分工参加各种国际会议和活动，因此那几年我马不停蹄地跑了很多，而且有些活动还非去不可。有时甚至得有点赴汤蹈火的劲头。我们到秘鲁去拉票。当时秘鲁首都利马的恐怖活动非常猖獗，我国驻秘鲁大使馆刚被炸过两次。我们居住的旅馆对面的一座高层大厦的玻璃窗已被完全炸飞了。旅馆门口就部署了对付恐怖活动的装甲车和荷枪实弹的特种防暴部队。每次外出时不知道什么时候会碰上突如其来的爆炸事件。另一次我们到非洲去拉票。为了省时间，离开尼日利亚时原来选定了尼日利亚航空公司的班机。尼日利亚朋友获悉后，力劝我们立即改订别的航班，并讲了该公司一些管理混乱的例子。有一次，飞机已经开始滑行后，才发现飞机油箱并未加足汽油；还有，当地人去麦加朝圣时，带上了煤油炉，就在飞机座舱的过道里煮食。我到阿尔及利亚去拉票。到达后，使馆告诉我，阿尔及利亚委员泽尔吉尼坚持为我在一个景色较好的旅馆订了房间，与使馆预订的不是同一个旅馆。次日，使馆告诉我，该旅馆得到可能发生爆炸事件的警报。王大使建议我另换旅馆，但是我考虑旅馆是阿尔及利亚委员给订的，如果换旅馆，是对这位委员不尊重，因此坚持不换旅馆。为了我的安全，王大使派了使馆的秘书在房间外面通宵值班看守。次日我起来，才发现使馆的同志，心中激动不已。我还到没有外交关系的巴拿马和危地马拉去拉票，危地马拉因为还有台湾的"大使馆"，过去几乎没有中华人民共和国的人员入境。机场的边防人员见到我的外交护照，一脸惊讶的表情，气氛有些紧张。危地马拉委员解释后，气氛才缓和过来。访危时，危地马拉委员卡尔施密特要驾驶自己的小飞机带我去另一个小城市，我欣然同意了。一路上颠簸起伏，还飞过火山口。后来我把此事告诉别的委员时，他们都吃惊地说："你居然敢坐他驾驶的飞机！他的驾驶技术可不敢恭维。"由于申办那一段老在外面跑，各种意外都有可能发生，我给两个孩子留好了短信，写上了最简短的告别嘱咐，让孩子们在万一父母回不来时拆开看，幸亏这封信没有派上用场。

巨人之争与"八国联军"

最初，参加申办 2000 年奥运会的城市共有八个，除北京外，还有澳大利亚的悉尼、德国的柏林、英国的曼彻斯特、土耳其的伊斯坦布尔、巴西的巴西利亚、意大利的米兰、乌兹别克斯坦的塔什干。其中巴西利亚、米兰、塔什干弱一些，其他都各有优势。

国际舆论普遍认为，柏林、悉尼和北京三家势均力敌，各有千秋。俄罗斯委员斯米尔诺夫对我说："这次申办是一场巨人之争，是奥运会申办史上前所未有最激烈的一次，胜负很难预料。"

在整个几年的申办时间里，几大对手时时处处剑拔弩张，竞争气氛相当紧张。政治因素也掺和了进来。中国是申办的唯一社会主义国家。感觉得出来，几个对手在有意或默契地联合对付北京，他们之间互通情况，但对北京却封锁消息。由于北京的申办势头不断上升，1992 年后出现了申办对手联手攻击北京的情况。首先是柏林奥申委负责人纳夫罗基在 2 月和 4 月先后两次将北京的申办同天安门风波相联系。德国名誉委员拜茨听说后，对在申办中如此攻击对手的行为表示不能容忍，向我驻德大使表示了对纳夫罗基的愤慨。在他的要求下，纳夫罗基不得不写信向中国大使道歉。悉尼的申办负责人麦克吉奥也恶毒地攻击北京，发动澳大利亚舆论攻击中国的"人权"问题。澳大利亚委员高斯珀很有绅士风度，他不同意麦克吉奥用政治原因攻击北京的做法，主张友好竞争。但是，拜茨和高斯珀的绅士风度并未能制止柏林和悉尼对北京的攻击。

美国没有申办城市，但却以世界主宰自居，要插手奥林匹克事务。1993 年 6 月 10 日，美国众议院外委会人权小组委员会通过决议案，反对在北京或在中国的其他地方举办 2000 年奥运会，要求国际奥委会的美国委员投票反对北京。

6 月 24 日，萨马兰奇在瑞士发表谈话说，美国应该尊重国际奥委会的独立性，并放弃其发动的反北京申办的运动。他说，国际奥委会将排除外界干扰，独立决定举办城市。但是在随后的几个月内，美国的狂妄态度变本加厉起来。6 月 21 日，美国参议员布雷德利也加入了反对北京申办的行列。他给萨马兰奇主席写信说，他"强烈反对在北京政府否认其公民的基本人权的时候让北京举办奥运会"。7 月 26 日，美国众议院在一项以287票对99票通过的决议中说，"强烈反对"让北京举办2000年奥运会，要求美国委员在蒙特卡洛投票时投北京的反对票。中国奥委会于7月27日发表声明表示严正抗议。

随着9月23日的临近，西方官方及舆论更加紧了攻击，政治压力也步步升级。9月14日，澳大利亚总理基廷访问美国。他公开说："选择北京是个政治性决定，国际奥委会应脱离政治，不要选择北京，不要让政治压倒体育理想。"英国《泰晤士报》在9月15日发表文章，题为《北京不应该主办千禧年奥运会》，说是即使曼彻斯特失败，北京也不应成功。紧接着9月16日，英国外交大臣赫德访问澳大利亚，他对记者说："最佳的选择是曼彻斯特。万一曼市落选，大家就应该到澳大利亚参加奥运会。如果选择北京，将是一个糟糕的主意。"9月16日，欧洲议会通过决议反对北京申办。所有这些强大的政治压力，不能不对一些西方国家委员起一定的作用。

香港人士霍震霆一家都是最热心支持北京申办的，他也参加了北京奥申委代表团来到蒙特卡洛。他对西方舆论界围攻中国的感受很深。他说，外国记者向北京奥申委提的问题，多是政治性问题，含攻击性，与体育无关。中国运动员创造好成绩，本来是好事，也被说成是阴谋。当地能看到的电视和报章报道，都在有系统、有步骤地诋毁中国。他形容这种形势说，有如"八国联军"攻击中国。

但是，公道自在人心。北京申办也得到国际上体育界和外界人士的支持。1992年3月，秘鲁的32名议员联名写信给国际奥委会和中国奥委会支持在北京举办奥运会。美国的社会各界成立了支持北京举办奥运会委员会。亚奥理事会执行局在1993年8月一致通过决议，支持在北京举办奥运会。意大利著名作曲家莫罗德曾被重金相邀，为洛杉矶奥运会和汉城奥运会谱写了脍炙人口的会歌。他义务地主动谱写了祝福北京好运的歌送给北京奥申委，许诺将来申办成功后，将为北京奥运会谱写会歌，并且热情地说，不知道 2000 年还会到哪个国家去，但他肯定地知道那一年他将来中国。

90 多把钥匙

《奥林匹克宪章》第 37 条明确规定："遴选主办城市是国际奥委会的独特权力。"有权决定 2000 年奥运会举办地点的是 90 多个委员。委员们的选择不是一成不变的，做工作的余地很大，但是都只决定于他个人。因此，在整个申办过程中，要不断做争取委员的工作。不管是走出去也好，请进来也好，工作目标就是要把工作做到每个人的心坎上，使自己成为他选定的城市。一把钥匙开一把锁，要有 90 多把精心设计的钥匙。

到投票前夕止，91 名国际奥委会委员的分布情况是：亚洲 14 名、非洲 16 名、拉美 16 名、北美 3 名、欧洲 38 名、大洋洲 4 名。

亚、非、拉美委员是我们的基础，必须全力做好工作，并以此为基点，争取有更多的支持。欧洲、北美共有 41 票，占总票数的 45%。能否从其中争取到尽可能多的委员，将是成败的关键。所以，工作中除了"巩固基础、扩大外围"外，要特别抓好几个有影响人物的工作。首先是抓萨马兰奇。萨马兰奇早在 1984 年出席我国 35 周年国庆时就提出北京应考虑申办奥运会。当北京有明确申办意向后，他又组织动员 60 多个委员来北京出席亚运会开幕式。萨马兰奇私下对我说："北京的申办是我的申办"，"我可以为北京取得 15 票到 16 票"。他还委托他的好友、巴塞罗那银行家、为巴塞罗那取得奥运会举办权的关键人物罗德斯来帮北京做工作。但是萨马兰奇毕竟是西班牙人，他对政治问题特别感兴趣，在西方攻击北京的"人权""民主""西藏"等问题上，他有迎合西方观点的一面。对于美国国会施加的压力，萨马兰奇一方面反对美国的政治干预，另一方面他也向执委会表示，要尽量争取同美国保持关系，避免对抗。我认为，对萨马兰奇，既要争取其支持，但也不能把希望寄托在他一个人身上。不仅因为他是主席，只能不偏不倚，并且，正如他自己所说的，尽管他可以施加影响，但国际奥委会里完全听他话的也只有十五六人。所以当我们申办未成后，有种舆论认为这是由于萨马兰奇不够朋友、支持不力造成的，我认为这种说法有失公允。

亚洲的委员基本上我都很熟悉。为了争取阿拉伯国家的支持，我主动撤出与科威特的阿赫迈德竞选亚奥理事会主席。沙特在阿拉伯各国有特殊地位，我专程拜访沙特委员费萨尔亲王。费萨尔对我的访问很重视，亲自到机场迎接，举行了两次会谈、一次宴请。我通过他们两人，加上又登门拜访了北非两位有声望的资深委员泽尔吉尼和姆扎里，巩固了阿拉伯委员的支持。日本有两名委员。在1991年确定1998年冬运会地点时，当时美国盐湖城呼声很高。而且如果1998年冬运会选定长野，有可能影响北京申办2000年奥运会。但是我权衡了利弊，在投票前夕明确告诉日本委员我将投票支持长野。我的考虑是，美国委员估计不会投票支持北京，但日本委员的票是可以争取的。所以我以自己的一票换取日本两票支持北京的申办。中国台北的吴经国与我有多次接触。这时澳大利亚也积极争取吴经国，甚至以要求吴经国的支持为条件来同台湾有关方面商谈台湾的航班直飞澳大利亚问题。据吴经国事后告诉我，去摩纳哥前，他的父母交代他不要忘记自己是中国人。他在投票时，与坐在相邻的哥伦比亚委员门多萨相互展示自己纸条上写的"北京"。后来台湾当局确实派人传话，要他不要支持北京，他没那样做。会后台湾有人说吴经国没投北京的票，从他在台湾的处境出发，他未否认或证实，而只强调投票是秘密的。他对我说，如果有一天国际奥委会的档案会公开，他可以证明自己确实投了北京的票。在北京下一次申办时，他将不顾其他，在一开始就宣布自己支持北京。南亚印、巴两国的委员与我的交情都很深，互相称兄道弟。朝鲜民主主义人民共和国委员金俞顺本来已经离开体育岗位，不再担任本国奥委会主席而出任朝鲜驻罗马尼亚大使，一般已不参加奥林匹克的活动。但是为了支持北京申办，他的国家支持他去摩纳哥投北京的票。泰国的他威虽已是名誉委员，但仍主动以泰国奥委会主席的名义，写信给国际奥委会，明确支持北京申办。其他亚洲委员也绝大多数态度明确。

非洲委员中最有影响的是塞内加尔委员姆巴伊，他早年参加过进步学生运动，担任过海牙国际法庭副庭长，在本国担任宪法委员会主席，在国际奥委会和非洲社会声望很高，是非洲委员公认的领袖人物。我同他交往很深，我们在国际奥委会中观点相近，经常互相支持呼应。他深情地对我说："你可以把我当作北京申办班子的一个成员，甚至把我当成你自己。我将全力支持北京。"非洲委员中另一个有影响的是刚果委员冈加。他是一位有争议的人物，曾经长期担任非洲体育最高理事会秘书长，能言善辩，是位国际体坛反对种族歧视的斗士，曾为我们恢复在国际奥委会中的合法席位出过大力，也曾担任刚果驻华大使三年，对中国一片深情，但是他在小节上不够谨慎。他在非洲委员中积极串联，争取到不少支持。

拉美主要的人物是墨西哥的拉尼亚和巴西的阿维兰热。拉尼亚是传媒大王，社会地位高。为了争取他的支持，不仅北京奥申委领导多方晤谈，还请李鹏总理出面接受他的独家采访。阿维兰热是中国的老朋友，从 1974 年他担任国际足联主席起，他就一直为恢复中国的合法地位而奋斗。中国回到国际足联后，他又想尽办法为中国足球队进入世界杯比赛而努力。80 年代末，他又提出世界杯应该在亚洲举行一次。他对我说，他心目中的亚洲是指中国，如果中国提出申办世界杯，他将全力支持并看作他当主席期间力求实现的最后一个愿望。我们权衡后，认为应集中精力申办奥运会而不是世界杯。他多少感到失望，不得不支持日本及以后的日、韩合办世界杯。但他仍然出自内心希望北京申办奥运会成功。这位年迈而不知疲倦的资深委员确实为寻求对北京申办的支持尽了全力。

欧洲委员中，有影响的奈比奥罗和赫尔佐格等人也明确支持北京。奈比奥罗是意大利人，拥有国际田径联合会主席、国际大学生体育联合会主席、夏季奥林匹克项目国际组织总会主席等多个头衔。赫尔佐格是在法国被视为民族英雄的人物，是世界上登上 8000 米高峰的第一人，当过部长。他们都属于"拉丁集团"。我同他们都有较深的交情。

大洋洲有四名委员：澳大利亚、新西兰占了三票，但我们仍未放弃努力。重点做西萨摩亚的工作。我去访问了西萨摩亚委员沃尔沃克，不管他的投票如何，都加深了彼此的友谊和感情。

决战蒙特卡洛

经过近三年的艰苦奋斗，终于到了最后的决战时刻——1993 年 9 月 23 日在摩纳哥的蒙特卡洛举行的国际奥委会第 101 次全会。会上将投票选定 2000 年奥运会的举办城市。

临近最后的投票时刻，各个申办城市都在做最后的努力。悉尼更是使出了全部招数。从 6 月起，悉尼派出了国际奥委会委员科尔斯和助手常驻巴黎，专门做欧洲委员的工作。为了抵消、至少要削弱我们在非洲国家的影响，7 月上旬起，澳大利亚派出专机由前总理惠持拉姆带上申办班子访问 11 个非洲国家，到处许诺，大把撒钱，争取支持。到了蒙特卡洛，悉尼提出了个诱人的"居家计划"，参加奥运会的 10000 名各国运动员，每人可带两个家属去，悉尼社区为他们安排住宿，为家属们提供来回机票，还给每家 1500 澳元。为了给曼彻斯特加油，英国的梅杰首相专程来到国际奥委会总部，与萨马兰奇会晤。

我因为要参加 9 月 17 日的国际奥委会执委会，14 日和少数人先行出发到蒙特卡洛。北京奥申委代表团 200 多人则在 16 日乘包机出发。

蒙特卡洛这个小城寄托了我们几年来的最大期望。从各个途径得到的信息看，真是"胜利在望"。法国尼斯机场的接待人员热情地欢迎我们，说"希望北京获胜"。在蒙特卡洛的报章上，既有西方记者的攻击污蔑，也有不少关于北京获胜大有希望的分析。英国最大的威廉·希尔博彩公司从 9 月 1 日起计算赌注时就把北京放在第一位了。好些委员见面时都说"你们希望很大"，甚至个别委员已在投票前夕先行祝贺，说要随北京代表团一起回北京开庆祝会。投票前几天我见到摩纳哥大公雷尼埃，他主动说"听说你们希望最大"。一次会议间隙时，萨马兰奇还私下里问我："北京两字应如何准确发音？"尽管不断传来丝丝令人乐观的消息，但是我仍坚持做两手准备，不敢有丝毫懈怠。我在同北京奥申委的同志分析时指出，我们有把握的约 40 票，有 4 到 5 票还需要大力做工作努力争取。

"抵制"风波

17 日下午国际奥委会执委会举行会议。会议还未开始，萨马兰奇就让秘书把几则电讯稿送给我看。萨马兰奇在电讯稿上写了"何"字，并在后面打上了个大惊叹号。我看了电讯后吃了一惊。原来是几家通讯社分别从悉尼和蒙特卡洛发出消息，说张百发于 8 月 31 日在北京接受了澳大利亚特别广播公司电视台的采访，张说，如果因美国国会的阻挠而使北京申办失败，我国要抵制 1996 年亚特兰大奥运会加以报复。我不相信张百发会在这个敏感时刻，发表这种授人以柄的谈话，但会议马上就要开始，又无法立即与代表团取得联系和查清原委。

果然执委会一开始，萨马兰奇就问我有没有抵制这回事。我毫不含糊地表示根本没有。萨马兰奇听后很高兴，立即让国际奥委会公共关系主任纳皮埃在当天国际奥委会的新闻发布会上安排我去讲话。萨的意图明显是要为我提供机会去澄清事实，把西方蓄意制造的这场"抵制"风波压下去。这并不合某些人的意。于是会上有人说："中国方面如要澄清事实，可以自行召开新闻发布会，何必让何在国际奥委会的新闻发布会上去讲话？"萨马兰奇仍坚持让我去说明情况，他说："让何在新闻发布会上说明他在执委会上表明的立场，有何不可？"我知道，萨是在这关键时刻帮北京说话。

会议休息时，我急忙赶回旅馆，并与住在另一个旅馆的代表团联系。我对伍绍祖说，必须以最快的速度把这场风波压下去。

这天在蒙特卡洛，这件事马上被"哄"成了最大新闻。几家电视台整天每小时一次地播放"中国要抵制亚特兰大奥运会"的新闻，还播出了澳大利亚电视台采访时的一些镜头来证明他们"言之有据"。西方几大通讯社一天几次地播发有关中国要"抵制"的消息，有的消息别有用心，说中国从来就把政治利益放在奥林匹克理想之上，以往就有过抵制1956年墨尔本奥运会和1980年莫斯科奥运会的历史；说北京又在打政治牌，这次是想用抵制来"讹诈"国际奥委会以取得举办权；说奥运会交给北京办，到时候万一来个变化，很靠不住。

去新闻中心之前，我匆匆了解了一下当天我们代表团新闻发布会的情况。果然不出所料，西方记者抓住所谓"抵制"问题，频频向我代表团发言人发难。出乎意料的是，我们的发言人在回答时不够明确坚定，只说"还没有研究1996年亚特兰大奥运会的事"，"中国奥委会一贯尊重和支持奥林匹克的宗旨，对有利于发展奥林匹克运动的事，我们都会积极支持"。这种用外交辞令的回答，不仅不能把"抵制"风波压下去，反而使人产生"事出有因"的感觉。

于是在国际奥委会的新闻发布会上，我对几百个记者开门见山地说明："美国众议院关于反对在北京举办奥运会的决议，是对奥林匹克事务的粗暴干涉，严重违反奥林匹克精神，我们坚决反对。北京申办 2000 年奥运会的目的是为奥林匹克运动在中国和世界的发展做贡献，促进人民间的相互理解、友谊和世界和平。不论表决的结果如何，中国为奥林匹克运动做贡献的立场将始终不渝。不存在中国抵制亚特兰大奥运会的问题。"记者还在追问"中国是否参加亚特兰大奥运会""正在积极训练不等于届时参加""你对张百发的讲话有何评论"等。我先用法语回答："我不知道张百发先生有这类谈话，有关他的讲话显系误译误传。我想指出的是，我是中国奥委会的主席，我再重复一遍，不论蒙特卡洛的表决结果如何，我们将参加利勒哈默冬运会和亚特兰大奥运会。"我又用英语重复了一遍。穷追不舍的记者们终于不再提问。

事后了解，8 月 31 日澳大利亚特别电视台采访张百发时，他确曾对美国国会明目张胆地违反奥林匹克原则、干涉中国人民申办奥运会的权利，表达了十分气愤的心情。他说有一位美国朋友对他说，美国那样对付你们，你们完全有理由抵制亚特兰大奥运会。张百发同澳大利亚电视台记者说，我们完全有理由对美国进行报复，但我们不会那样做，因为我们一贯支持奥林匹克运动。没有想到澳大利亚方面把这段讲话掐头去尾地加以编制之后，在蒙特卡洛表决前夕播出，并且把内容事先透露给西方各大通讯社。澳方的真实意图就是在临近表决之时，突然投下一颗重磅炸弹，以阻遏北京正在不断上升的气势，使我们难以在最后关头翻过身来。直到 19 日，国际奥委会总干事卡拉尔对记者说，中国将参加亚特兰大奥运会的立场已像水晶般的清楚。"抵制"风波总算是过去了，但是它对表决会带来多大影响，还很难说。

记住这一天

1993 年 9 月 23 日，天下着大雨。会上按抽签顺序，柏林、悉尼、曼彻斯特、北京、伊斯坦布尔依次向国际奥委会全会作陈述报告。北京的陈述是下午的第一个，北京代表团所有参加陈述的发言由我用法语和英语交替着串联起来。

这一整天，我的心理压力极大，既要怀着高度紧张的心情参加北京自己的陈述报告和聆听别人的陈述报告，又要进行与外界隔绝的秘密投票并猜测每轮投票的流向，而投票结果的最后宣布又将是令人极度的喜悦或沮丧。申办是一场只有冠军的竞赛，所有其他竞争者，不论你的成绩有多好，连一枚银牌或铜牌的安慰都没有。它就是这样残酷。我的心脏不好，妻子怕我经受不了这一天，特别是宣布表决结果时那一刻的心理压力。一早起来，她不仅给我口服和外贴了防止心脏发病的药，还在我口袋里放上急救的口服药和喷雾剂。由于投票会场是与外界隔绝的，外人不能进入，为了预防万一发生什么情况需要紧急处理，头一天她又把一份急救药交给了与我们交情甚笃的日本委员猪谷，请他在会场里帮忙照顾。

陈述结束后开始秘密投票。同过去逐轮宣布投票情况的做法不同，这一次每轮投票结果统计后不宣布各城市的获票数，只由国际奥委会主席宣布被淘汰的城市名字。第一轮、第二轮投票后，监票的委员交给萨马兰奇的都是开口的信封，先后淘汰了伊斯坦布尔和柏林。正如我事先估计到并担心的，剩下来是悉尼、曼彻斯特联手对付北京的局面。果然第三轮被淘汰的是曼彻斯特，第四轮决赛是在北京与悉尼之间进行。这时候主席宣布了前几轮投票的票数。第一、二、三轮北京的票数都比悉尼多。第三轮北京是 40 票，悉尼是 37 票，曼彻斯特 11 票。这时我估计曼彻斯特的绝大多数支持者将会转而支持悉尼，北京已经没有获胜的希望。在投票会场里我转过身对坐在我右侧的第二副主席、澳大利亚委员高斯珀说："我想我该向你祝贺了。"

这一天晚上 8 时，最后一轮投票结束后，全体委员到路易二世体育馆参加投票结果宣布大会。会前，我曾同万嗣铨商量好，由万在他的旅馆门口等着，这里是我从会场到路易二世体育馆的必经之地。如果申办有望成功，我以向万微笑招手为号；如果没有希望，我将无任何表情和手势。天仍下着大雨，我在约定的旅馆门口没有见到万，而是在体育馆门口见万伫立在那里，满脸期待的表情。两人的眼睛对视了一下，我就转过脸去。进入体育馆，执委们先在休息室等待，在旁边没有其他人时，我对萨马兰奇说："看来悉尼获得了主办权。"萨马兰奇说："你怎么知道呢？也许是北京呢？信封打开之前，谁都难以确定谁家获胜。"我说："不，曼彻斯特的支持者大多数将支持悉尼。"执委会开始走上宣布结果的主席台时，我提醒自己，既不能笑容满面，使亲人们误以为申办已到手，也不能表现冷漠，流露出任何失败的沮丧。我代表着创造过历史辉煌、经历过苦难屈辱，如今蓬勃向上、前途无量的、古老而又新生的中国，我必须以微笑面对这次挫折。萨马兰奇最后一个走上主席台，他庄重地掏出决定申办命运的信封，当众拆开，取出表决结果，然后宣布："胜利者是悉尼。"此时此刻，我感到特别难受。这一切虽然在我的意料之中，但看到台下的北京奥申委代表团同志们的表情似乎凝固住了时，我真感到受不了了。举办千禧之年奥运会的荣誉，你曾经离我们这么近，而你现在却与我们擦肩而过。但是我必须挺住。全世界的电视观众看到的是：我在主席台上大度地而不是沮丧地祝贺身边的第二副主席、澳大利亚的高斯珀。为了这次违反本意的带着微笑的握手，我承受了巨大的心理压力。

45票对43票，仅仅两票之差，奥林匹克运动会与我们失之交臂。要不是西方政界强大的政治压力，要不是盎格鲁—撒克逊集团的联手对付我们，要不是竞争对手明目张胆地收买拉票，一直领先的北京完全可能获胜。从那一天到现在，我从来没有提过"申办失败"这几个字，而总是说"两票之差使我们失去了机会"。我们没有失败。

那天大会后，我拖着身心交瘁的身子，穿过拥挤的人群，感谢委员们的抚慰。我反复对自己说，坚持住，绝不能垮下。我回到代表团所在的旅馆，向大家介绍投票的经过。回到房间后，我还尽量冷静地回答朋友们接连打来的慰问电话。到了深夜，北京的女儿哭着来电话说她看了电视转播的全过程，她难以接受这个结果。她要我们多保重并说她爱我们。我原来一直憋着自己的感情，眼泪直在眼眶里打转，放下电话时，我再也抑制不住自己，放声大哭了起来。

第二天一早，好几个委员告诉我们，他们整晚气得没法入睡。有的委员劝我们：第一次申办取得票数这样接近的成绩，应该庆祝才是。在上午的全会上，高斯珀在发言中感谢大家对悉尼的信任，他出人意料地说："可能有些同事在投票给悉尼时，心里想的却是北京。"我也要求发言。我向悉尼表示祝贺，对理解并支持北京申办的委员表示衷心感谢，对选择了悉尼的委员表示尊重，并表示中国将一如既往积极参加奥林匹克运动。

这次全会后，我离开了副主席岗位。委员们纷纷走上主席台和我告别，有的许诺等北京再次申办时，将更多地为北京出力，有的感谢我为国际奥委会奉献的智慧和做出的牺牲。波多黎各委员卡里翁紧握着我的手说："你的话打动了我的心，我知道当你微笑着向悉尼致贺时，你的内心在流泪。"

申办 2000 年奥运会的工作带着全中国人民的遗憾在七年前结束了，许多往事仍历历在目。我们所有人对有朝一日能在中国大地上点燃奥林匹克圣火的信念始终不渝。

目前，北京正在为申办 2008 年奥运会再次努力（本文发表于 2000 年）。我虽然已退居二线，但壮志未泯，仍将为争取在中国举办奥运会的荣誉而竭尽全力。

编制《北京 2008 年奥运会申办报告》
幕后的故事

————

孙大光

北京 2008 年奥运会即将拉开序幕，中华民族举办奥运会的梦想就要实现了。回想起我在两届北京奥申委工作的 1600 多个日日夜夜，特别是组织和参与《北京 2008 年奥运会申办报告》编制工作的那些难忘而艰辛的日子，我仍很兴奋、激动，一个个令人感动的故事又都浮现在眼前……

申奥工作的重头戏

2000 年 9 月从悉尼奥运会回来后，我们正式投入到编制《北京 2008 年奥运会申办报告》（简称《申奥报告》）工作中，这是北京申奥工作中的重中之重。北京奥申委成立了由刘敬民、于再清、屠铭德、王伟和我组成的《申奥报告》五人领导小组；同时成立了《北京 2008 年奥运会申办报告》总编室，由我兼主任。

10 月的一天晚上，已经 10 点多了，我们在新侨饭店六楼会议室讨论第四主题"环境与保护"的撰写原则。这是我们与其他申办城市相比的难点和重点问题，也是编写《申奥报告》中最伤脑筋的问题之一。正当大家热烈讨论的时候，刘淇同志来了，大家都没有想到。

刘淇同志进来后说："我知道你们每天都加班，很辛苦，今天是特意来看望大家的，同时参加你们的讨论。《申奥报告》是申办工作中最重要的工作之一，也是最困难的工作之一，但《申奥报告》是国际奥委会评估申办城市的主要依据，是国际奥委会委员了解申办城市的主要文件，不管有什么困难，我们都必须克服，必须全力以赴把它做好。"接着，他就和我们一起讨论起来，直到 11 点多才结束。

刘淇同志的到来，使我们受到了很大的鼓舞，也更加感到领导对《申奥报告》的重视。他临走前讲的一番话，更是把对《申奥报告》的要求提高到了极点，他说："你们总编室的任务是光荣的，也是艰巨的，甚至是残酷的，因为时间太紧了。但申奥工作的特点决定，只有一个成功者。所以必须向你们提出明确的要求：我们的《申奥报告》不仅是要达到世界一流，而且是要超一流的，也就是要世界'第一'的，就是无论是在内容上，还是在版式、装帧上，都必须超过任何国家，必须'第一'。这是对你们明确的，也是唯一的要求。"

那段时间，我多次感受到领导同志对《申奥报告》的格外重视。在中央申奥工作领导小组会议、奥申委主席办公会、奥申委执委会等不同的场合，许多领导都对《申奥报告》的组织编写工作提出过要求。

记得在总编室刚开始工作时，有一天深夜，刘淇同志从国外打电话给我，询问《申奥报告》编制的进展情况，并叮嘱："关于北京奥运会期间外国记者来京采访的手续问题如何写，要慎重。既要考虑我国的有关规定，也要看到改革开放的发展形势，还要考虑国际奥委会的要求。"

集体的智慧

《申奥报告》总编室的人个个都是精兵强将，参加《申奥报告》编写的所有人员都在这个过程中，经受了一次心理、生理、精神上的锻炼和考验。

那些日子，新侨饭店六楼热闹非凡。除了奥申委的工作人员外，还有许多来自四面八方、各行各业、不同职业、不同层次的人员，在申奥这个旗帜下，为了一个伟大目标，聚集在这里，共同奋斗，无私奉献，为了《申奥报告》展开了一个又一个的攻坚战。

——北京外国语大学的教授来了，他们和奥申委的同志并肩战斗，夜里一起加班，一起到制版公司反复核对每一个字母、每一个标点符号。他们身上的那种高级知识分子特有的气质和认真的态度，给奥申委带来了一股爱学习、爱钻研的好学风。同时，奥申委同志们刻苦工作的精神也极大地感染了他们。

法语教授庄元泳先生带着年轻教师和他的研究生们把《申奥报告》的法文翻译当作最重要的任务和最好的实践教材，每天在会议室里工作到很晚。

王春丽教授在 2001 年 5 月 31 日召开的《申奥报告》总结会上流着眼泪激动地说："在我多年的工作生涯中，从来没有哪一本书稿像《申奥报告》这样让我感到如此沉重；从来没有哪一部作品的编辑过程像编制《申奥报告》这样令我如此难忘；从来没有哪一部书稿的作者像奥申委《申奥报告》编制工作组织者和审定者的工作这样令我感动。我目睹了奥申委领导和同志们多少个夜晚彻夜无眠；有的人病了，打完吊瓶，马上又投入工作；有的人家里孩子发高烧 39 度也顾不上回家看望。他们没有加班费，没有绩效奖，没有作者的头衔。他们是完全无私忘我地拼命工作。为了编制《申奥报告》，他们透支了健康，预支了生命。从他们身上，我看到了北京申办奥运会成功的希望。人的一生总有些人与时光让人终生难忘，对我来说，参加《申奥报告》编制工作的经历将在我心中永驻，奥申委的领导和同志们也将成为永远激励我的榜样。"

——北京奥林匹克出版社副社长朱国华来了，作为《申奥报告》出版单位的代表，老朱几乎每天都来新侨饭店，和总编室的同志一起研究、探讨，一起睡在办公室，夜里饿了一起去吃一碗牛肉面。到后期排版阶段，我们经常一起夜里到各排版公司检查工作，饿了就随便在街上买点东西吃，到天亮才回到新侨饭店，又接着上班了。申奥成功后的第二年，他得了骨癌，锯掉了一条腿。2006 年的一天，他突然永远离开了我们。

——已退休的原国家体委宣传司司长吴重远，新华社、《工人日报》退休的著名老编辑王元敬、何礼荪等老专家不顾年老体弱也来了。他们都是北京申办 2000 年奥运会编写《申奥报告》的参与者，吴先生是上次奥申委的宣传部部长。这次他们主动要求来帮忙。但不幸的是，2000 年 11 月在《申奥报告》撰写期间，一次我们在宽沟会议中心集中讨论《申奥报告》，由于多日来的劳累，有一天中午吃饭时，吴先生突然感到不适，我马上派人用车把他送回城里到天坛医院，经检查是脑出血，立刻住院了。后来出院就坐上了轮椅。对此，我一直感到内疚，是我同意请他来帮助工作的，老人是累坏的。

——魏纪中、楼大鹏两位体育专家，他们是英、法文统稿的主要人员。虽然年事已高，但他们的干劲特别是他们的才华是一般人比不上的。《申奥报告》英、法文校对的最后一个程序，也是比较难的一个程序。因为英文是根据中文翻译的，法文也是根据中文翻译的。但英文专家不懂法文，法文专家不懂英文，而法文翻译相对比较规范，英文翻译相对比较灵活。所以，英、法翻译就像是两条道上跑的车，各走各的。为了规范，避免英、法文出现较大差异，需要有既懂英文又懂法文的专家进行一次"并轨"。但在国内高等院校、科研机构和外文出版单位等找了一圈，也没有找到合适的人才。最后，这个任务就落在魏、楼他们二人身上。那些天，为了赶时间，每天晚上他们和我们一起加班。有时候加班到深夜，他们也不让送，总是共同打一辆出租车走。

电视主持人元元来了；北京理想设计艺术公司的艺术家们在邵新的带领下来了；深圳雅昌彩色印刷有限公司的总经理何曼玲女士来了，她被奥申委工作人员废寝忘食的工作精神所感动，看到总编室的人员眼睛红红的，到下午2点还没吃午饭，就到外边买来热气腾腾的包子……

那段时间，在北京奥申委里还活跃着一支黄头发、蓝眼睛、高鼻子的队伍，每天在新侨饭店六楼和我们一起并肩战斗。他们和我们一样，每天早早来上班，下午经常加班到很晚，和我们一起研究讨论，一起工作，中午一起到新侨饭店地下室的职工餐厅吃工作餐。还有一些口音怪怪的、说不好中国话的"中国人"常引起大家的注意，他们大都是来自海外的华人专家和志愿者。他们每天早上从北京的四面八方来到崇文门路口，走进新侨饭店六楼，形成一道亮丽的风景线。

印制中的插曲

经过多次的研究、讨论、修改，最终定稿，奥申委执委会一致通过了《申奥报告》的装帧设计方案。《申奥报告》的装帧设计，汲取中国古代书籍设计的精华，封面颜色为中国传统的"宫墙红"，采用淡黄色再生纸印刷，体现"绿色奥运"的现代环保意识。

2001年1月9日，这项跨世纪的工作到了最后也是最为关键的一个环节——印制。这时，距离国际奥委会规定的提交《申奥报告》的截止时间只有八天。

这天下午6点，我带领由15位英法文专家、出版设计专家和奥申委工作人员组成的《北京 2008 年奥运会申办报告》监制小组，登上了北京飞往深圳的航班。

晚 8 点 40 分，飞机抵达深圳，我们直奔深圳雅昌彩印公司。在深圳的那几天，是我们编制《申奥报告》工作的最后一个战役，也是最紧张、最辛苦的战役之一。

当晚，我们的工作是对菲林（胶片）做最后的检查，发现有划痕的，就立即由工作人员进行修复。全部检查完，天已经亮了。然后开始校对蓝纸，这是开印前的最后一道工序。在校对第三卷时，发现了一个小问题：序言的英文标题里多了一个单词"AND"，按照国际奥委会《申奥报告撰写手册》的要求，此处应该是逗号。大家一致认为，要确保《申奥报告》的高质量，哪怕一个标点符号，也要纠正过来。全部工作完成，天又黑了。

10 日晚，《申奥报告》正式开印。事先在每个环节上都做了周密的准备，包括可能出现的停水、停电，机器会不会出毛病，材料问题等都做好了应对措施。深圳雅昌彩印公司专门成立了以董事长万捷为组长的印制工作小组。

没想到还是发生了意想不到的事情。11 日凌晨 4 点，印制车间工人在检查原料纸张时，发现有 4000 张纸的颜色不符合要求。《申奥报告》用的是美国的再生纸，是从香港订购的。我立刻找来朱国华，请他马上与香港联系，用最快的速度调来 4000 张同样型号、同样颜色的纸。在事情办理过程中，深圳海关特事特办，一刻也没耽误。13 日下午，《申奥报告》印制、装订完成，雅昌公司专门为《申奥报告》设计了精美的函套和包装纸箱。一切就绪，举行了交接仪式。我代表北京奥申委在《北京 2008 年奥运会申办报告》印刷交接清单上郑重签字。

庞大的系统工程

完成后的《申奥报告》分为三卷，使用英、法两种文字，共有各种图片、表格683个，全书共近600页，英、法各20多万字，全面展示了北京举办奥运会的条件与能力，是一部具有中国特色、反映中国改革开放成果、反映新北京的百科全书。

组织编制《申奥报告》，是一项庞大的社会系统工程，无论在规模上，还是在参与人数、涉及范围等方面，无疑是申奥中的最大战役之一。其涉及的部门、单位达150多个，从中央办公厅、全国人大办公厅、国务院办公厅、全国政协办公厅，到国家各有关部委、国务院各直属机构；从北京市政府及各部门、各区县政府，国家体育总局及各直属单位，到各有关省市人民政府；从各有关高等院校、新闻单位、科研单位，到有关公司、机场……几乎涵盖了各行各业，各部门、各单位。仅直接参加起草的人员就达260多人；参加有关工作的人员达数千人。上自国家主席、国务院总理，下至有关单位的普通工作人员，都在《申奥报告》中凝结了辛勤的汗水。

为了便于协调和科学管理，我们编制了《〈北京2008年奥运会申办报告〉编制工作计划网络图》，用系统科学的管理方法，按照18个专题的内容进行分工，由奥申委各部门分工负责，作为各部门的重要工作任务之一。同时，把参加《申奥报告》编制工作的人员和参与《申奥报告》工作的社会有关部门、单位进行组合，由奥申委领导小组统一领导，总编室协调、组织、把关，各部门分头组织负责，社会各方面积极配合，形成了一个庞大而有序的系统组织结构。

这部"百科全书"从正式开始编撰到完成，总共只用了四个月的时间。在这仅100多天的时间里，我们创造了申奥史上的一个奇迹，谱写了一部申奥中大兵团协同作战的交响乐。

亮相瑞士洛桑

2001 年 1 月 16 日下午,受北京奥申委委托,带着大家经过 100 多个日日夜夜孕育的成果,我和秘书长王伟等同志踏上前往瑞士洛桑的路途。

1 月 17 日上午 10 点整,按照事先的约定,我们来到国际奥委会总部二楼执委会会议厅。国际奥委会候选城市关系部主任杰奎琳·布拉特女士代表萨马兰奇主席热情地接待了我们。

当她从我手中接过《北京 2008 年奥运会申办报告》,放在桌子上,轻轻打开包装,露出《申奥报告》的封面后,我看到她第一眼看到"宫墙红"时那种惊喜的表情和眼神。杰奎琳·布拉特连声说着:"Very good! Very beautiful!"她对《申奥报告》独具风格的装帧设计和版式颇为赞叹,并一直拿在手里不时翻看。整个交接仪式始终充满着友好和愉快的气氛。我们胜利完成了任务。

我深深体会到,《申奥报告》不仅是用手"写"出来的,而且是用脑"策划"出来的,更是无数人用心血"编织"出来的。

2001 年 7 月 23 日,奥申委领导在庆祝北京申奥成功报告会上的讲话中是这样评价我们的工作的:

> 《申奥报告》是国际奥委会委员评判申办城市的重要依据,包括经济、法律、文化、环保、财政、交通、医疗、安保、保证书等 18 个方面的内容。在时间紧、任务量大、要求高的情况下,我们组织国内外大量专家,夜以继日、连续奋战,字斟句酌、精益求精,终于在规定的时间内高质量完成了这份对申奥至关重要的报告。

走向奥运会领奖台的足迹

——

吕长赋

1984 年，洛杉矶国际奥运会上。中国体育健儿一举夺得了 15 枚金牌，突破了我国在奥运会历史上"零的纪录"。捷报通过电波传遍全球，唤起了华夏儿女崇高的民族自豪感。

同胞们奔走相告，竞相称颂体育健儿们的伟绩，欢呼中华体育之崛起，同时也在慨叹这胜利的来之不易……

1932 年 第十届奥运会 只有一个运动员的中国体育代表队

"九一八"事变以后，日本占领军靠刺刀在我国东北拼凑了一个"满洲国"。山河破碎，生灵涂炭，东北在流泪。

就在第十届奥运会开始前，3 月的一天，居住在旅顺口的一个刘姓人家突然闯进了几个日本人。这些人一反常态，往日满是骄横气焰的脸上如今堆起了笑容——虚伪中带着奸诈，他们让老人给流亡到北平的儿子写信，劝他回来，说是只要他回来，"满洲国"就给他大官做……

老人的儿子是谁？他就是我国东北当年著名的短跑运动员刘长春！

不久，伪满报纸上登出了一条令人震怒的消息——刘长春和于希渭（也是一名田径运动员）将代表"满洲国"参加在洛杉矶举行的第十届奥运会！有消息说，傀儡政府已向国际奥委会送出了代表团名单。还说，奥委会组织委员会已经接受了申请，并且复电催交"满洲国"国旗与国歌。对中国人来说，这简直是奇耻大辱！

中华全国体育协进会，这个业经国际奥委会承认的中国国家奥委会本来早已决定参加本届奥运会，曾向政府申请支持，但教育部却以"时间仓促，准备不足"为由，宣布不派运动员参加。

消息传至平津，激起了爱国青年和市民们的强烈义愤。人们纷纷要求南京政府作出反应，揭露伪满图谋借参加奥运会骗取国际承认的险恶用心，派出中国的体育代表队。但是，国民党政府对此竟然置若罔闻。

自幼生长在祖国东北的刘长春在北平闻知日本人要他作"满洲国"代表，感到受了极大的侮辱——"苟余之良心尚在，热血尚流，又岂能忘掉祖国而为傀儡伪国作牛马！"——他怀着纯洁的民族感情，在《大公报》上发表了声明："我是中华民族黄帝子孙，我是中国人，决不代表伪满洲国出席第十届奥林匹克会……"在这种形势下，中国再不参加奥运会，就不足以粉碎日伪的阴谋。这时候，热心于祖国体育事业的张学良将军慷慨解囊，捐款资助，并在7月2日东北大学体育系毕业典礼上亲自宣布：由宋君复（教练员）、刘长春和于希渭组成中国体育代表队出席第十届奥运会。东大体育系主任郝更生即刻与体协董事王正廷（时任外交部长）、张伯苓（天津南开大学校长）磋商，由张伯苓急电国际奥委会，为中国体育代表队报名。

第二天，刘长春和宋君复即由北平起程（于希渭当时困居大连，由于日本人监视严密未能成行），经上海，盘桓数日，于8日上午乘"威尔逊"号赴美。在海上颠簸 20 余天，于 29 日下午抵达洛杉矶。先期到达的体协总干事沈嗣良、中国留学生刘雪松及华侨数百人前来迎接。

唐人街头，锣鼓喧天，鞭炮齐鸣，仿佛全街都要沸腾了。华侨、华裔们扶老携幼前来欢迎祖国亲人。

7 月 30 日，第十届奥运会正式开幕。运动场大门上五色环会徽高悬，50 面参加国的国旗在四周迎风招展。大会开幕式开始后，2000 多名选手以奥运会创始国希腊队为前导，依次入场。当天，参加入场式的中国代表队是在美国临时凑成的。刘长春手执国旗走在前面，沈嗣良作为总代表紧随其后，接着是宋君复、刘雪松、申国权和当时在华担任上海西青体育主任的美籍人托平。

六个人组成的代表队，只有一个人是运动员，固然与我们这个具有四万万人口的国家极不相称，但是，中国运动员代表毕竟冲破了各种阻力，克服了重重困难，来了！日本帝国主义的阴谋破产了，奥运会会场开始飘扬起中国国旗！31 日下午，中国队唯一的运动员刘长春将要参加的百米预赛就要开始了。他被分配在第二组。该组有六人，只取前三名。刘长春起跑后，最初五六十米一直领先，直至 80 米后开始落后，最后以第五名落入了被淘汰之列。

刘长春不禁仰天长叹。他想起了出国时黄浦江畔的欢送场面。那天，几千名群众齐聚码头，他面对热情的同胞们曾经发出过铿锵的誓言："我此次出席世运会，系受全国同胞之嘱托，我情知责任重大，当尽我本能，在大会中努力奋斗！"欢送群众那热情的掌声和欢呼声犹在耳边回响……如今名落孙山，将何以面对国人！刘长春怎能不长叹，他这次输得确实冤哪！不是因为技术差，也不是因为没努力，只是因为旅途劳顿，体力不济啊！早在 1929 年，刘长春在沈阳参加第十四届华北运动会和中日德三国田径运动会时，他的百米成绩就已经是十秒八了！

而今天，这一组跑第一名的星卜森成绩才不过十秒九！

刘长春啊，不必叹息，人们谁也不会责怪你。你作为四万万中国人的代表昂首阔步走进了奥运会运动场，粉碎了日伪的阴谋，维护了祖国的荣誉，人民感谢你！

1936 年 第十一届奥运会 中国代表团仅有一人取得了复赛权……

1936 年的中国，依然是灾难深重。但是，对于即将在柏林举行的第十一届奥运会，国民党政府却一改第十届时的做法——派出了一个由 93 人组成的代表团（当年的德国，已是法西斯头子希特勒的天下，这倒是耐人寻味的）。

中国体育代表团出现在柏林的运动场上，引起了人们的特别注视。一天，足球队正在练球，忽然走过来一个英国人，他自称是捷克足球队的教练。这家伙趾高气扬，鼻孔朝天，冲着正在练球的中国队员问道："喂，你们是不是日本人？"当他听说是中国人以后，便发出了令人难堪的怪笑。他一边挤眉弄眼，一边比比画画：他先把两手合抱胸前做抱小孩状，继而用手比作抽大烟的样子，又把手放到背后比画拖着一条长辫子，最后狂笑着连连摇头。他的意思是：中国人只会抱孩子，抽大烟，拖着一条长辫子，踢足球可不行。

在场的运动员受了这番羞辱，气愤极了，纷纷喊叫着，警告他不得无礼。说来也巧，当时中国队抽签抽的对手恰恰就是英国队。那家伙毫不收敛，竟然傲慢地说："明天你们同英国队赛球，至少也要打你们个 6 比 0！"他还打赌说，若不是这样，他情愿输 50 英镑。

强烈的民族自尊心激励着每个人。队员们热血沸腾——明天，一定要奋力拼搏，打出水平，争取胜利！

　　队员们没有忘记：为了凑足参加这届奥运会的经费，他们曾遍走南洋，进行义卖式的访问比赛；更没有忘记，当地侨胞对他们的殷切的希望，令人心酸的倾诉："华侨离乡在外，不易啊，见人低三分。你们来了，我们从心里高兴。你们一定要赢球。赢了，我们脸上增光；输了，我们可就更难堪了……"

　　第二天，中国队与英国队交锋了。当天的阵容是：包家平（大门），李天生（右后卫），黄美顺（中后卫），谭江柏（左后卫），徐亚辉（右前卫），陈镇和（左前卫），曹桂成（右边锋），冯景祥（右内锋），李惠堂（中锋），孙锦顺（左内锋），叶北华（左边锋）。中国队一上场就集中兵力猛攻英国队大门，其势如泰山压顶，使英国人大惊失色。若不是他们的门将手疾眼快，几乎开场就要破门。英国队反过手来，频频反击，攻势也相当凌厉。但中国队后卫黄美顺和谭江柏、李天生组成了严密的防线，门将包家平屡救险球，毫不懈怠。双方攻守激烈，但都未能破门。上半场结果是 0 比 0。全场观众看得目瞪口呆，大大出乎意料！在场的西方记者当作特大新闻，利用广播器进行宣传，惊呼中国队不同凡响。

　　半场球，打下了英国队的气焰，他们从此端正了对中国队的态度，不敢轻敌，加强了攻势。他们采取盯人战术，使我们的前锋难以摆脱。到了 70 分钟以后，中国队渐渐体力不支。这时，英国队利用罚角球机会，用头顶入一球。从此以后，中国队士气受挫，跟着又被攻入一球。结果全场以 0 比 2 负于英国队。

　　英国队是当时欧洲的王牌队，实力相当雄厚。中国队虽然输了，但能与之相抗衡，可见也不是等闲之辈，欧洲人从此不得不对中国足球运动员刮目相看。

　　退场的时候，那个扬言要以 6 比 0 战胜中国队的英国人，早已逃得无影无踪了。

回到驻地以后，中国足球队接连收到了法兰克福、维也纳、日内瓦、巴黎、伦敦以及荷兰发来的电报，邀请他们前往进行访问比赛……

但是，中国篮球队由于在选拔队员时受达官贵人控制，徇私舞弊，影响了运动员的质量，再加上旅途劳顿，队员晕船，结果上场失利，输得惨不忍睹。其他如田径赛、游泳、举重、拳击、自行车等项目，中国队也都在预赛中被淘汰了。偌大的一个体育代表团，只有撑竿跳运动员符保卢一人获得了复赛权。

本届奥运会，中国代表团在人数上比上一届多了几十倍，成绩却同上届一个样，依然是个"0"！

1948 年 第十四届奥运会 路费无着 代表团困居伦敦

第十四届奥运会，正值国民党政权全面崩溃的前夜。为参加这届奥运会，中华全国体育协进会在 1947 年初就开始做筹备工作，成立了一个遴选委员会。

到了 11 月，体协又召开了监理事联席会议，正式确定了代表团的组织，推王正廷为总领队，董守义为总干事。因为政府方面一直没有对补助款项作出决定，只得又成立了一个经费委员会。推选王正廷、孔祥熙、吴铁城、朱家骅、谷正纲、吴国桢、胡文虎七人为委员。预算总额为 15 万美元，拟由政府、社会人士、华侨三个方面各筹款 5 万美元。

为向国民党政府申请拨款，董守义奔走于各衙门之间，由南京至上海，跑了整整 25 趟；从申请到领到现款足足花了 4 个月零 4 天！而向社会人士和华侨募捐，也要费尽口舌。捐款者往往要提个附加条件——要求代表团给他们名义随团出国——也相当棘手。

几个月过去了，筹款的结果是，代表团实际能支配的经费只有预算的三分之一。至此，只好缩小代表团的规模了。最后，代表团决定由34人组成。其中除去先行出发到南洋赛球募捐的足球队，再除去篮球队，田径、游泳这次就只能去四个人了。

代表团实力薄弱，经费困难，人事纠纷错综复杂。有些人混入代表团，主要是想趁机到国外"开洋荤"。这一来，可苦了真心想为国争光的运动员。

1948年7月15日代表团到达伦敦时，手头的外汇就已经所剩无几了，选手们一日三餐都成了问题。赛场上，他们虽有为国争光之心，无奈没有击败对手之力，结果是一败涂地。更可叹者，因付不起昂贵的房租，代表团竟被撵出了奥运村，最后连回国的路费都没有了着落。于是打电报给国内，要求汇款。得到的复电却是"政府不能追加预算，请代表团自己解决"。

为筹措回国路费，愁坏了总领队王正廷。这里有一小段插曲，倒是颇能说明点儿问题。

事情发生在8月15日，地点是英国Automomobile俱乐部。国民党政府驻伦敦大使郑天锡在这里请总领队王正廷吃饭，商讨中国体育代表团回国路费问题。王正廷请大使馆出面作保，向中国银行借款，以便把困居伦敦的代表团送走，他要顺便去一趟巴黎。郑大使怕总领队一走，把这个包袱甩给自己，竟不肯答应；中国银行经理知道政府决不会再拨款来，说什么也不肯借款。王正廷气得站了起来，说："我们的足球队在印度还有一笔门票收入，很快就会汇来！"接着他又意在言外地说："英国朋友也不会看我流落在此，他们会替我设法捐款。"这话显然带"刺儿"——中国"同胞"反不如外国朋友，自己人倒不肯帮忙！银行经理知道这明明是在讽刺他，哪里肯让？接过话茬儿就说："好，王先生！你若能募捐得到英国人的钱，我马上给你跪下来。"这天刚好有个英国人给王正廷捐了一笔款，支票就带在他身上。王正廷"唰"地从衣袋里抽出支票拍到银行经理面前，毫不容情地要他跪下叩头。大家面面相觑，尴尬极了。

结果是大使馆"勉为其难"，同意出面作保，由英国通济旅行社先发机票，让运动员回国，王正廷留守伦敦，发电报给纽约的经费筹募委员孔祥熙要求汇款以解燃眉之急，这样才算了结此案，免了这位经理先生的一跪。

据说，纽约汇款还不足以还清欠债，总领队王正廷又东借西凑，自己还掏了腰包，勉强清还了债务，离开了伦敦。不用说，这届奥运会除了充分暴露了国民党政府各色人物的自私、狭隘和腐败之外，中国队依然是一无所获。

1952 年 第十五届奥运会 新中国体育大军挺进奥运会

漫漫长夜终于过去，1949 年，一轮红日从中国大地上升起，运动场上洒满了阳光。

1952 年，第十五届奥运会将于 7 月在瑞典首都赫尔辛基举行。由中华全国体育协进会改组而成的中华全国体育总会决定继续参加奥委会活动，并准备派代表团出席本届奥运会，于是将这一决定用电报通知了赫尔辛基奥运会组织委员会。但是，久久没有得到回音。

人所共知，体总是经过全国体育工作者代表大会决定，由前体协改组而成的中国唯一的全国性的体育组织，完全有权继续作为中国的国家奥委会。当时，体总早已先后和国际业余游泳协会、国际业余篮球协会、国际业余足球协会、国际业余田径协会、国际业余自行车协会建立了联系，而且得到了游泳和篮球两协会的正式承认。无疑，完全有资格参加本届奥运会比赛。因此，按照《奥林匹克宪章》，体总只要以中国国家奥委会名义通知奥运会组织委员会表示决定参加之外，并不需要其他手续。

6月4日，我体总再度通知赫尔辛基奥运会：中国运动员将参加第十五届奥运会，并要求它立刻和我们联系。

6月16日，奥运会组织委员会转来了国际奥委会主席的电报——"任何中国运动员均不得参加奥运会。"他们还发表公告说：由于台湾的"体协"也要求参加奥运会，"国际奥委会希望中国青年参加奥运会，然而国际奥委会的基本组织与章程妨碍了这一次的参加"。因此，"国际奥委会希望中国问题能在来年解决，现在中国的两个组织——台湾的一个和北京的一个——不得参加赫尔辛基奥运会"。

面对国际奥委会中顽固派无理阻挠中国运动员参加奥运会一事，7月5日，我国家奥委会向他们提出了抗议。但是，国际奥委会在7月10日的会议上竟然提出了所谓"中国奥委会问题"。经过一场激烈的辩论，结果通过了一个妥协方案：决定把这个问题保留起来不作决定，同时批准中国运动员参加本届奥运会。10天以后，赫尔辛基的组织委员会终于发出了欢迎中国体育代表团参加的信件。中国体育代表团于7月26日自北京起程，在29日到达赫尔辛基时，奥运会已进行了一半。但是，我们新中国的运动员终究走进了奥运会运动场。这是正义力量的胜利！中国运动员将永远铭记当他们踏上瑞典领土之时当地人民给予的热情接待和奥运会观众的热烈欢迎；中国人民也将永远铭记奥委会中主持正义的人士给予的支持！

1956年 第十六届奥运会 为了国家的尊严……

第十五届奥运会过后，1954年5月，国际奥委会召开了第四十九届会议。会上通过了一项决议，确认中华全国体育总会为中国国家奥委会。

尽人皆知：世界上只有一个中国，中国只有一个国家奥委会。然而，天下就是有那么一些顽固分子不愿承认这个现实。他们的眼睛仿佛是长在后脑上，总是盯着过去，不敢正视当今世界，更看不到未来。某些人出于他们狭隘的一己利益，甘冒天下之大不韪，公然利用奥委会制造"两个中国"！

1955 年，荣高棠同志在国际奥委会执委会和各国际体育联合会代表及各国家奥委会代表联席会议上指出："根据《奥林匹克宪章》，在一个国家内只能承认一个全国性的体育组织为这个国家的奥委会。国际奥委会既然承认体总是中国奥委会，就没有任何根据把台湾的'体协'也说成是'中国奥委会'，地球上只有一个中国，就是中华人民共和国，台湾是中国的一个省。……"荣高棠同志义正词严，得到了许多正直代表的支持。

1956 年 11 月，第十六届奥运会将在澳大利亚的墨尔本举行。我国体总在北京集合了全国各地的运动员 1400 余人进行选拔，准备参加本届奥运会。同时通知台湾地区的运动员参加选拔赛。由于台湾当局的阻挠，他们没能来。

10 月 21 日，体总公布：由举重、游泳、体操、田径、射击、足球、篮球运动员 92 人组成中国体育代表团。

就在我体育代表团起程的前夕，得知国际奥委会不顾我体总多次抗议，悍然通知台湾的"体协"派员参加这一届奥运会，并且荒谬地把我中华人民共和国改为"北京中国"而称台湾地区作"福摩萨中国"。更有甚者，还要接受台湾当局的"抗议"，在国际奥委会会议上讨论我通知台湾运动员到首都来参加选拔赛的做法，无理干涉中国奥委会内部事务。为此，我国奥委会秘书长荣高棠在 10 月 22 日举行了记者招待会，揭露国际奥委会中的顽固派追随美帝国主义分子制造"两个中国"的阴谋，并再次提出抗议。

11月2日，我代表团先遣人员董守义和黄中到达悉尼。这时，有消息说，墨尔本奥林匹克村已经悬挂起国民党的旗帜。先遣人员到墨尔本一看，果然如此，立即向奥运会组织委员会提出抗议。6日，中国国家奥委会发表声明：由于国际奥委会违反奥林匹克宪章，坚持邀请台湾地区单独派运动员参加第十六届奥运会，中国运动员在这一问题没有得到合理解决之前，不能参加本届奥运会。

为了维护国家的尊严，我国国家奥委会断然中断了同国际奥委会的关系。直至1979年国际形势发生了重大变化，国际奥委会承认中华人民共和国奥委会是唯一代表中国的全国性奥委会。

1980年，第二十二届奥运会在莫斯科举行，中国没有派团参加。

1984年，第二十三届奥运会在洛杉矶举行，中国派出了353人组成的体育代表团（运动员为231人）。当中国运动员在五星红旗引导下进入大会会场的时候，观众席上爆发了热烈的掌声。台湾地区的运动员也举着"中国台北"的旗帜进入了会场。海峡两岸的中华儿女来到了同一个运动场握手言欢，互致祝贺。这是中华民族大团结的佳音，炎黄子孙，皆大欢喜。

在这一届奥运会上，中国运动员终于登上了奥运会领奖台，并且15次登上了领奖台的最高层。胸佩金牌的中国体育健儿，动情地望着冉冉升起的国旗，听着激越雄壮的国歌，昂首而立。当此之时，他们在想些什么？是在回顾历史，慨叹这胜利的来之不易，还是在感念祖国母亲的培育？他们感慨万千，将激情蕴藏在心底。请看他们那发亮的眸子，分明是在说："祖国啊！明天，我们还要向着'更快，更高，更强'的目标攀登、进击！"

中国滑翔运动创始人

——韦超

韦鼎峙

　　韦超出生于广西永福县太平村。1926 年夏，就读于上海浦东中学附小，在该校中学部毕业（五年制）。后即回广西，考入广西大学机械系就读，1934 年，又被广西航空学校选送英国阿姆士突朗飞机工厂实习，专门学习飞机设计与制造，两年后学成归国。当时韦超的胞兄韦永成尚在德国留学，遂取道欧陆返国，一则可与胞兄欢聚些时，再则可参加1936 年在德国柏林举行的世界运动会。当他初踏上德国国土时，在柏林广场上，参加了一次欢迎会。当时整个广场中，寂无人语，所有参加欢迎的队伍，统统站在场边，围成一道"人墙"，引领静观。他打听不出究竟是怎么一回事，只好怀着好奇心陪着人群守候。不一会儿，群众高呼："来了！"并遥指天空，大家的视线随手指方向仰望，果然看到许多飞行物体，在高空中出现，说是飞机却又没有发动机的音响，说是纸鸢又没有那么长的线牵引，一架架都是那样灵活地飞着，飞机在空中能做的动作，它们也都能做，一时越来越多，整个广场上空，就像鱼群在一个圆形玻璃苍穹中游动一样，十分壮观！最后鱼贯地降落于广场时，每架必有两人前去协助将机推到边线上停放。每架机都涂上各色油漆，机体形状，有蝴蝶形、蝙蝠形、鹰形等，真是五彩缤纷，煞是好看！韦超虽学习航空工程，却未曾见过这种机种，心中正在纳闷的时候，恰巧有一架正推到他的前面来停放，他乘机钻过人墙，趋前查看，一时惊讶得几乎叫出声来。原来是飞机的前身滑翔机。自 1903 年美国莱特兄弟发明飞机之后，滑翔机已变成历史名词，于今德国又从垃圾桶里拣出来，以现代科学工艺的进步，来作根本研究改造，发扬了它的优点，遂得获这样优秀性能的成果——现代滑翔机。

德国为何要雷厉风行地提倡滑翔运动呢？这个问题，给韦超积极学习滑翔机的观念影响至大。原来，德国在第一次世界大战失败之后，受到凡尔赛和约的束缚，不能重整军备。而"马奇诺防线"又像一条毒蛇似的盘绞着德国，动弹不得。希特勒当然早看出这点，所以他的构想是要在战争一开始，首先就得踏平这条防线。经研究结果，终于想到超越防线的最佳办法，便是要拥有强大的空军。但目前在协约国严密监视之下，如何才能够建设空军呢？空军部长戈林，遂受命解决此一难题。他为遮人耳目，乃从滑翔这个旧题材着手，推展滑翔运动。希望在滑翔运动掩护下，培养航空人才，特别是设计、制造及驾驶人才。这是建设空军的基本要素。如今提倡滑翔运动，几年之后，准备成熟，一夜之间，就可组成强大空军，不仅使"马奇诺防线"失去效用，而且实施闪击战术，席卷欧洲，震惊世界。当时韦超感到日本侵略我国的野心日炽，中日战争必难避免，而我国幅员广大，天空辽阔，如无强大空军，实难阻遏日军之攻势，韦超即置身于航空事业，自认负有重大责任，今天目见德国建设空军的一条有效道路，自可作为我国建设空军的借鉴。同时更得其胞兄的赞同与鼓励，遂决定暂缓返国，留德国学滑翔，这就是他转变学习滑翔的一段经过。

1936 年 5 月间，韦超到德国雷茵进世界闻名的格鲁恼飘翔学校学习滑翔，那里地势坡度良好，上升气流绝佳，四季气候温和，最适宜于滑翔飞行。半年后，他毕业了。由于他脑筋灵活，反应迅速，加上本身具有飞行经验，所以"超高"与"持久"两项都很优良，均被列入学员毕业成绩之中，并得到学校的特别褒奖。当时在该校学习滑翔的同学，菲律宾有两个，日本有三个。他们对韦超的优异成绩，也表示钦佩。

"七七"事变前夕，韦超毕业回国。当时广西航校，已归并中央航校，遂向航空委员会报到，那时航委会，以其所学的主科是飞机设计及制造，滑翔为副科；以目前空军对飞机的装备急需，作为派遣工作的原则；并且滑翔为何物，当时国人也十分陌生，同时尚未有这种业务与机构，故对他的工作还未派定。可是韦超一再向当局表示他的见解与信心，认为今后对日本作战，空军是很重要的战力。要培养这种战力，必先发展全民航空，以奠定空军建军基础。要迅速完成此项重大使命，最佳的途径，是从提倡滑翔运动着手，一则可促进全国科技发达；二则可节省汽油消耗；三则滑翔教学容易安全；四则适应青年兴趣与心理要求；五则大型滑翔机尚可作军事运输之用。如大力推行，可望收事半功倍之效。他热情展开宣传说服工作，南北奔走，毫不气馁，不少人为之感动。《大公报》负责人张季鸾、胡政之诸先生，慨然同意将以前发动祝寿献机捐款逾期收得的余款千余银圆拨交韦超，并建议即刻购买一架滑翔机回国，然后到各地巡回展览、表演，以激起全民爱好。

正当订购滑翔机的前夕，因与教育部体育督学郝更生先生接触，得知教育部于 1937 年秋季，在南京举办全国运动大会，于是他决定把订购的滑翔机，由水路直运上海交接，然后运到南京，计划在全国运动大会中表演、展览。不料滑翔机尚未运到，"七七"事变战起，不久战争延至上海，不但滑翔机无法运到上海交货，就是原定在首都举行的秋季全国运动大会也取消了。在这种情况下，韦超只好改变主意，急电德国要求改运到香港交接，此事刚接洽好，不料战火迅速蔓延到华南，香港亦不能交接，最后要求运到安南河内交接。韦超为了这件事劳力劳心，到处奔波，最后只好到河内去接运这架滑翔机。

当他从河内把滑翔机运抵南宁时，正是 1937 年 11 月间，空军第三十二队（由广西航校飞机教导第二队改编成的），当时驻防南宁整训待命。韦超的同学们看到了这架滑翔机，非常惊喜！后来又看到韦超驾驶滑翔机作精彩表演，更是高兴！

后来韦超将滑翔机运到柳州，暂时寄存在"鸡拉"空军第九飞机修理厂（原系广西航校机械厂，也是他本人最初进航空实习的工厂），然后赴汉口向航空委员会再请示，原则上已获得同意成立滑翔训练机构，当时以战局变化甚快，航委会给韦超指示了两项原则，其一是向大后方谋发展，其二是在昆明或成都两处，选择训练基地。1938 年 4 月间，韦超遵命离开武汉，飞往云南昆明勘察场地。当时"中央空军军官学校"已迁到昆明市东郊外的巫家坝机场，若与航校在一起，性质相同，容易取得协助，同时向国外运输亦较容易，但对全国滑翔运动宣传号召上，恐怕用力多而收效少。还有一层，昆明位处高原地区，空气比较稀薄，并不适宜于滑翔训练。调查分析之后，经航委会同意，滑翔机训练机构随国民政府一同先入四川，因此他又赶回柳州去接运滑翔机了。韦超由昆明取道河内，转道广西柳州，从柳州雇车拖运北上，到贵州与广西交界的六寨镇后，麻烦就开始了。原因是这架大滑翔机，装在一辆双转有布篷的板车上，整车长度有七八米，再加前后拖车长度，总共为十二三米。川黔桂公路，沿途均是崇山峻岭，特别是由贵阳至重庆一段，地形崎岖，急弯、陡坡更多，汽车司机也视为畏途。对于这架庞大的滑翔机，实不适宜在这条路线上运送，他只得发挥艰苦精神，采蜗牛式的运输方法，分段分站雇夫推拖上路。靠人力运输，本来就有困难，何况贵州是有名的山区，所谓"地无三尺平"。装滑翔机的大篷板车，虽不甚重，如在平地运输，只要两人即可推动。如今要在大斜坡的公路上运行，除了前后推、拖之外，还要专人携带枕木，在上、下急坡时，随时准备阻挡车轮，以免造成严重后果。有时遇到急弯，更使人为难，因为装滑翔机板车太长，一次还转不过去，必须前前后后地移动数次，才能完成一个转弯，这些时候，如果没有人耐心指挥，光凭伙力是完成不了任务的。因此韦超忙着前后照顾，劳心劳力，备尝辛苦。加上当时正值盛夏季节，天气变化迅速，有时开始爬坡是烈日高照，气温非常炎热，而下坡之时，却突然狂风大作，乌云密布，骤雨袭来，由于前路朦胧，不敢妄动，只好将滑翔机箱尽量移靠路旁，以免被别的车辆误撞。在大雨中大家变成"落汤鸡"不要紧，有时一等数小时，雨还不停，最焦急的是怕天晚了赶不到店，各人既冷又饿，那种折磨，真不好受。

此次以人力运输滑翔机经过贵州省境，前后几乎耗时月余，好不容易才拖运到重庆，由重庆再雇车拖到成都，在成都将滑翔机存放在南门外簇桥镇第八飞机修理厂，然后再报告航委会，才算任务完毕。

此时航委会已大部迁到成都，集中于南门黄家坝办公，韦超就向航委会当局陈述训练滑翔的要旨及其目标，同时又向教育部、"三青团"以及军训部等机关接洽，说明开展滑翔运动的构想，此外经常撰写有关滑翔的文章由各报社发表。而他的同学和朋友也乐意协助，使他得到很大的鼓励。

航委会对韦超的计划构想，深表赞许，于1939年6月1日，核定成立滑翔训练班，班址暂设于航委会内，并派韦超为该班主任。当时编制员额很少：设学科教官一员，由作战受伤下来的李大径充任。飞行教官一员，并兼学生队长，这职务也是由作战部队下来的周善担任。另设机械官一员，由李会池担任。机械士六名。此外则有文书军需及事务官各一员，助理士若干名。数月后，人员陆续调齐，航委会原办公处已无法容纳，遂在成都西北门方向的仁厚街二十三号租得一间大公馆，滑翔班遂迁到那里办公，机械人员在班主任指导下，开始自制第一架初级滑翔机。

这时滑翔班最重要的任务，是要寻找适合滑翔训练用的场地。韦超为了解决这个问题，不知花了多少时间与精力，先从空中去观察，得了腹案之后，又从地面去实际勘察，有时还邀请有关人员研究，甚至携带气象仪器，详细测验了解。可是成都盆地里的十四县，甚少起伏适用的山坡地。不得已选定成都北门外的凤凰山机场，并在机厂之东边，筑一滑翔台，高 15 米，台顶有 5 米宽，10 米长的平台，作滑翔弹射起飞之用。整个台呈一长方斗形屹立着，从台上起飞的滑翔机，皆可飘降到机场里，然后又将机子推到台顶去，这样的反复训练，不仅不花汽油，更可锻炼出滑翔驾驶人才，而且可以锻炼体魄，培养耐劳忍苦合作的精神。

除了场地之外，就是整备训练器材，这当然是以滑翔机为主。当时航委会也决心将设在重庆南边的飞机制造厂，全部改为滑翔机制造厂，当时的厂长是黎国培，十分热心，专门负责仿造德国 H–17 式中级滑翔机。半年后，第一架就出厂试飞，性能很好，这全是国产品，成本低廉，已可大批生产。还有在成都西门珠玑石街的第十一飞机修理厂厂长周祖达，工程师钱自诚博士，对滑翔机制造极感兴趣，自告奋勇承制初级滑翔机，钱博士还独出心裁，设计成功一架双身的滑翔机。

为了要展开全国滑翔运动，首先要培植大批负责推动这项工作的干部，当时与"三青团"及教育部研商之后，即获得肯定答复：他们负责选送学生及学生在学时间的一切费用。其时虽进入抗战艰苦阶段，因得有关部门的赞助，加以韦超不畏困难，细心筹划，使中国滑翔训练班迅速完成一切准备，只待录取学生报到，就可开学训练了。

韦超除忙于滑翔班准备开课一切有关事项之外，还作了两次表演，第一次是应四川省政府庆祝"双十节"筹备委员会之邀，在成都西校场进行。当日韦超把地面的一切安排妥当之后，即偕飞行教官周善，驱车到南门外簇桥镇的太平寺机场，由周善驾小飞机，拖着韦超驾的高级滑翔机，缓缓起飞升空，按预定时间，进入会场上空。因为事前曾作扩大宣传，致市民向西校场方向拢来，像潮水般地拥挤，盛况空前。滑翔机在低空撒完大会传单之后，即攀升高度，然后脱离飞机，表演空中滑翔动作。市民聚精会神观赏，不断地鼓掌喝彩！滑翔机往返回旋降低后，即安全降落司令台前。经过这次实际扩大表演，成都各界对滑翔方面已有一点知识。

第二次表演是在重庆，1939 年 11 月，陪都各界纪念孙中山诞辰筹备委员会，特邀韦超前往表演。这次由机械官李会池负责将滑翔机由成都用汽车拖运到重庆，先到白市驿机场准备，将滑翔机装备好，并遵筹备大会意见，命名为"大公报"号。韦超和周善教官，当日乘小飞机由成都飞到重庆珊瑚坝机场，先与大会筹备处及各新闻机构联系，一切安排停当，在 11 月 12 日清晨，带着大会印制的五色签条传单、标语，分装成两大麻袋，然后坐上小飞机，向白市驿机场飞去。

周善教官驾着飞机，从白市驿将韦超驾的"大公报"号滑翔机拖曳到重庆市空，先从低空进入市区，一面盘旋，一面散发部分传单，引起市民之注意。然后逐渐升高，爬升至 3500 英尺高度后，滑翔机就离开拖曳飞机，自由自在地在蓝天白云里翱翔，不时从滑翔机座舱里，散发出一束束的传单，五彩缤纷的纸片，飞舞在半空中，一架大鹏鸟似的滑翔机，就在这一片纸海中钻来钻去。有时还做特殊表演，群众最欣赏的就是翻筋斗，偶尔一连翻三四个筋斗，观众不断欢呼鼓掌，情绪非常热烈。不久，滑翔机安全着陆，前来参加的民众越聚越多，在外围未看到滑翔机的，就提议将滑翔机抬起沿机场环绕一周，以便大家观赏，于是大家就抬着滑翔机满场奔跑，一时秩序大乱，由此可见民众热爱滑翔机的情形。

1940 年 3 月 12 日，重庆各界纪念孙中山逝世筹备委员会邀请韦超再到重庆表演一次，这次他的表演计划，大致与上次相同，唯一不同的是采用国产南川新出厂之滑翔机，该机是仿造德国的 H – 17 型，其性能不及"大公报"号高级机。韦超何以要换用这种滑翔机呢？是想给大家知道，我们自己也能制造优良的滑翔机。表演前由机械官李会池将滑翔机从地面拖运到重庆白市驿机厂，韦超偕周善教官，同乘一架小飞机，直飞重庆珊瑚坝降落，先由各方接洽表演程序及关照注意事项，于 3 月 12 日晨，再由珊瑚坝飞至白市驿，将滑翔机拖曳上重庆市空，一切表现得相当安稳、正常。当飞机爬到三四百英尺时，轻轻地开始转第一个弯，地面的人看得非常清楚，飞机尾巴上的钢丝绳，突然脱落下来，滑翔机不但不能跟飞机前进，反而拖着一条重重的拖绳。正当他想转向机场飘降时，因下沉得很快，瞬间即笔直俯冲到驿道坚硬的石板上。此地紧靠机场南端，当机场人员迅速跑去营救时，只见滑翔机残骸一堆，坐在座舱里的韦超已不幸逝世了。

韦超逝世以后，由李大径代理班主任，继续培训滑翔人员。以后，还成立了中国滑翔总会，广西、广东、湖南、云南、甘肃、西康等省都设有分会及滑翔站。

体坛名宿穆成宽

———

王文生

20 世纪 60 年代，著名导演谢添执导的影片《水上春秋》初登银幕，即引来观众的一片赞誉。影片中的泳坛英杰们，不甘屈辱为民族争气，奋力拼搏为祖国争光，其精神又不知激励着多少人为着新中国的建设而尽心竭力！本文介绍的即是该片主人公的原型、泳坛名宿穆成宽自强不息的人生之路。

穆成宽 1908 年生于天津北郊，少年时尚侠习武，练过武术、摔跤、游泳、自行车，特别是游泳技术，高人一筹。穆成宽中华人民共和国成立前曾多次与洋人在水中较量，并取得了显赫成绩；中华人民共和国成立后，他把精力和心血都倾注到了我国的游泳事业，取得了辉煌的业绩，赢得了党、政府和人民的信任。曾担任第三、四、六届全国政协委员。

习武之乡的"孩儿王"

在天津市北郊靠近北运河边有一个村庄，村名叫天穆村。相传明朝永乐年间，浙江籍锦衣卫士穆重和（回民）随燕王朱棣出兵，在天津北郊选择了被北运河南、北、西三面环绕的一片地安营扎寨。这里既有运河水路之便，又有大路从东侧穿过，交通便利，水土肥沃，粮草充足，是一个屯兵的好地方。燕王军营撤走后，穆重和便在此落户，繁衍后代。以后，形成了自然村，取名叫"穆庄子"；后在穆庄子附近，又慢慢发展起一个自然村叫"天齐庙"。新中国成立后，鉴于"穆庄子"和"天齐庙"相距很近，天津市政府将这两个自然村合而为一，取名为"天穆村"。

天穆村的居民历史上就有尚侠习武的传统，在清慈禧垂帘听政年间，天穆村就设有练武场，取名"弓箭房"，有一位叫陈国壁的拳师还曾考取宫廷武官，官封二品，侍卫皇宫。从此，这里的武功更出名了，方圆几百里的武林高手纷纷到这里拜师学艺。

因这里的村民绝大部分都是回民，他们多以宰牛羊作为谋生的手段。中华人民共和国成立前，北京、天津的回民很多，逢年过节需要大量的牛羊肉，多赖周围乡里提供。天穆村三面靠运河，东面临京津大路，村民往京津经销牛羊肉十分便利。由于他们的主要交通工具是水上船只、陆上自行车，因此这里的人们水性好，车技也好。

当年，在天穆村东侧的河汉旁有一个"恩义成牛皮庄"，专门从事买卖牛皮的交易。店的主人叫穆文升，膝下有一女两子，长子穆成宽，次子穆成发。五口之家，日子虽不十分富裕，但全家和睦，不乏农家的天伦之乐。

穆成宽出生后，父母为其取名"龙"，大概有望子成龙的意思吧！

龙儿生来聪颖，虽然只念了两年私塾，但协助父亲料理店务很有"板眼"。尤其是他的一手"绝活"，用手在牛背上一摸便可断定牛皮质量的好坏，常令牛皮商惊叹不已。

龙儿生性好动，上树捉知了，下河摸鱼虾，雪地逮麻雀，野地抓田鼠，村里的小孩都胜不过他。于是龙儿成了当然的"孩子王"，孩子们也尊称他"大龙哥"。大龙最拿手的是打弹弓，虽称不上"百步穿杨"，但方圆几十里可算得上首屈一指。他有时淘起气来，也使大人哭笑不得。当地回民的风俗，凡修房盖屋，在房顶上要立一个锥尖，锥尖上装饰一个小圆球，用以"避邪"。有时新房落成，人们鸣鞭放炮庆贺时，突然发现锥尖上的圆球不翼而飞了。起先，人们都纳闷，时间一长，便知是"神弹弓"大龙干的勾当，于是常有邻居上门"告状"。

"恩义成牛皮庄"的庄主穆文升是个走南闯北的买卖人，见多识广，农闲时乡亲们都来牛皮庄听他神聊，有时一聊就到下半夜，常常闹得穆氏兄弟睡不了觉。于是每当夜幕降临，穆成宽便手持弹弓摸黑来到家门口对过的小河沟，趴在草堆里。任凭虫叮蚊咬，他一动也不动，单等有人挑着灯笼去他家聊天时，便拉开弹弓，"呼"的一下，不偏不倚正好打在灯芯上。灯笼突然熄灭，挑灯人也吓一跳，以为是"闹鬼"，拔腿就跑。一次、二次、三次……灯笼被打得次数多了，人们也就自然传开了，说恩义成店门口有"鬼"，晚上来穆家聊天的人也大大减少了，穆氏兄弟可以睡他们的安稳觉啦！

穆成宽的母亲是一个伊斯兰教的忠实信徒，她指望大龙潜心学经，将来能做"阿訇"。可穆成宽只喜欢练武。天穆村的练武场有好几处，投靠哪个师傅呢？一天，穆成宽对他的同伴韩同启说："听说村东练武场的陈师傅武功不错，你可上前比试比试，我在旁边看着，如陈师傅真有两下子，咱就跟他学。"两人来到村东练武场，小韩趁陈师傅不注意，一个箭步蹿上前去，抓住陈师傅的前胸用力摔去。说时迟，那时快，陈师傅顺势用腿轻轻一磕小韩正要发力的右腿，待小韩反应过来已倒了个仰面朝天。穆成宽一见此景，情不自禁地说："真功夫！真功夫！"于是上前拜陈师傅为师。原来这陈师傅是全国闻名的拳师，天津市国术馆馆长陈国政。

穆成宽一练武便着了迷，只要听说哪里有武林高手，就想法登门拜访，他只身骑车下过沧州，到过保定，去过北京，四处求师学艺。他听说北京西河沿有一位老拳师曾在清宫里当过保镖，便托亲靠友凑了 20 元大洋，托人介绍拜了师。从此，穆成宽每隔两周骑车到北京一次，跟这位师傅学武功。

赛车场上"三连冠"

中华人民共和国成立前，每到逢年过节，天穆村和周围几个村常组织起来在天津北郊的汽车场举行车技比赛（当时叫"摔车"比赛，即看谁骑得慢，并能用车技将对手摔倒）。那时穆成宽率领天穆村的"飞燕队"，技高一筹，常常夺得冠军，很有名气。

1932 年的一天，穆成宽进津去卖牛皮，偶见报纸上登载天津市举行赛车会的消息，穆成宽当即报名参赛，结果得了个第三。1934 年天津体育协进会开始举办长距离自行车比赛（120 华里）。穆成宽为了能在比赛中夺魁，每天早晨 4 点起床，先在院里两根 3 尺高的木桩上蹲一个小时的"桩"，然后再在自行车上带 100 多斤重的东西骑 100 多里路，赛前还特意换了一辆法国产的"金狮"牌自行车。苦练出硬功，穆成宽终于连续 3 年夺得自行车长距离赛的冠军。

最精彩的一次，是 1935 年 4 月 26 日自行车比赛。当时参赛的有 100 余人，其中有天穆村的穆成宽、乔凤志、王景衡等十余人。这次比赛的出发点设在省府门口。比赛开始，穆成宽和乔凤志首当其冲，跑在最前面。经过金钢桥，行至天津北郊旱沟时，乔凤志落后，穆成宽一路领先。当行至天穆村东大路时，全村人倾巢而出，为他呐喊助威，鼓掌加油。这时，意外的事情发生了：当领路的汽车开过后，一个看热闹的小孩突然横穿马路。穆成宽的飞车正紧随汽车后，就在将要撞着小孩的一瞬间，穆成宽猛然打把，躲过小孩。可由于转弯太猛、太快，自行车摔倒在地，穆成宽急中生智，顺势右肩着地，来了个"前滚翻"，保全了小孩，但他的右肩被地面擦破。他顾不得疼痛，扶起自行车便飞身上车。到达终点时，穆成宽仍以绝对优势夺得冠军。

国际泳坛显神威

北运河清澈见底，弯弯曲曲地绕过天穆村。盛夏烈日，"孩子王"穆成宽和一帮小伙伴整天泡在河里抓鱼摸虾，玩水戏耍，日子一长水性极好，连大人也游不过他们了。

那时的穆成宽练游泳，只是为了玩个痛快。待他长大后，有一天穆成宽在城里看到游泳比赛，才知道游泳还有许多名堂。于是，回村后组织了一个"民族游泳队"，穆成宽就成了游泳队长。

为了适应游泳比赛的要求，穆成宽与他的伙伴跑到离村三四里的一个大窑坑里拉上线，偷偷地练。每年从清明节到中秋节，是他们练游泳的季节，游泳队的全体成员每天先到这里游上三四千米以后，再分手干活。后来，由于生活所迫，再加上一些老人反对，到1934年，游泳队只剩下穆成宽和罗金龙两人了。他们不气馁，互相鼓励，坚持锻炼，后来一同报名参加了在天津举行的三次国际游泳比赛，并取得了优异成绩，为中华民族争了光，赢得了荣誉。这三次国际游泳赛，最精彩的要数穆成宽首次露面的"万国游泳比赛"。

1935 年 8 月，英国人在天津英租界的"西人游泳俱乐部"（现天津第一游泳池）举办"万国游泳比赛"，赛场上悬挂着英国、法国、美国、德国、意大利等参赛国的旗帜。穆成宽和罗金龙等代表中国报名参赛，取名为"鲨队"。赛前因罗金龙染上痢疾，未能参赛，但比赛那天他陪着穆成宽一起入场，并为伙伴加油。

在 400 米自由泳比赛中，有两个人劈波斩浪游在前面。看台上的 600 名观众绝大部分是外国人，他们以为领先者是"西人"，因此不停地喊"OK！OK！"比赛结束，当广播里传出中国人穆成宽夺得 400 米自由泳第一名时，赛场顿时出现了片刻的宁静，因为在外国人的心目中，中国人拿冠军是不可思议的事情。之后，突然从看台的一角传来一片欢呼声，罗金龙和其他中国观众高兴得跳了起来。在这次比赛中，穆成宽还夺得了 100 米仰泳第一名。

发奖时，穆成宽和一个外国运动员总分一样，并列第一。但赛会组织者只准备了一个奖杯，并决定先发给外国人，会后再给穆成宽定做一个。穆成宽和他的伙伴感到从未有过的屈辱，心里憋着一口气："中国人就这样受外国人欺负吗？"

中国人在国际游泳比赛中夺得两项冠军，轰动了天津卫，天津的报纸上刊出了大字标题："鲨队为华人吐气，穆成宽压倒洋人。"英国《泰晤士报》也不得不悻悻地报称："在天津万国游泳比赛中，来了一个枣红色的野人，把两项锦标拿走了……"

第二次参赛是 1939 年 8 月，地点在日本人办的商业学校游泳池（现天津市第三游泳池），参赛的队有日本早稻田大学队、英法外侨联队、天津游泳队。在日本队中有 1936 年奥运会 800 米自由泳冠军木野心藏等名将。在 400 米自由泳比赛中，穆成宽"咬"住木野，紧追不舍，一直到终点以半身之差屈居亚军。木野对这位浪里杀出的"黑汉"

大吃一惊，赛后对穆成宽说："如果你能把左臂划水动作改一改，咱们可能在下一届奥运会上见面。"

第三次比赛是在 1941 年 8 月，地点仍在商业学校游泳池，参赛的一方是英、美、俄、德、日、意等国在津侨居的洋人组成的"西侨联队"，另一方是由穆成宽、罗金龙、穆祥英（穆成宽的大儿子）等组成的"华人联队"。在 100 米自由泳比赛中穆成宽战胜了世界著名选手彼洛莫夫，夺得桂冠；罗金龙也身手不凡，夺得 400 米、800 米自由泳二项冠军；穆家后生穆祥英初试锋芒，旗开得胜，夺得 100 米仰泳第一名。这次比赛再次轰动了天津市，天津的报纸立即刊发标题文章《穆成宽穆祥英实力最强，罗金龙独得二项冠军》《天津队显神威》《为华人扬眉吐气》等，纷纷赞叹穆氏父子和天穆村的体育健儿。

路遇不平，拔刀相助

少年时代的穆成宽争强好胜，爱打抱不平；成年时代的他依旧慷慨助人，行侠仗义。

日本军队侵占天津后，为非作歹，无恶不作。1939 年的一天，穆成宽和罗金龙在天津市卖完牛皮，骑车回天穆村的途中路经金钢桥时，见一日本军官站在桥头，手持刀鞘，见中国人就打，打完便哈哈大笑。穆成宽见此状，一种民族的耻辱感和正义感油然而生。他对金龙说："你先前边走，我教训教训这小子！"待穆成宽走近日本军官，突然从车兜里抽出打气筒，照那军官的头部猛力打去。随着一声号叫，那军官像死猪一样倒下了，穆成宽飞身上车，和罗金龙一起飞驰天穆村。

1947 年的一天，穆成宽骑车路经牛津道福厚里（现睦南道一带），见这里围了好多人，便上前去看。那时穆成宽是游泳界的名人，许多人认识他。围观者中一个蹬三轮车的老工人对穆成宽说："不好啦！两个美国兵在调戏一个女学生。"穆成宽急忙拨开人群一看，只见两个大个子美国兵正绑架那女学生。那女生披头散发，满脸泥土，身上的旗袍被撕破，露出了内衣。可围观者这么多，竟无一人敢于相助！说时迟，那时快，穆成宽一声大吼："住手！"随即冲上前去，抓住一个美国兵的前胸，用力一拧，把那小子摔倒在地。另一个美国兵见同伙被打，抡起拳头向穆成宽脸部打去。穆成宽手疾眼快，顺势抓住美国兵的手臂，一"猫腰"，来了个漂亮的"背口袋"，把这小子摔了个四脚朝天。穆成宽怒不可遏地朝两个美国兵左一脚、右一脚地踢个不停。起先，这俩小子还想爬起来比画比画，但见来人如此厉害，干脆趴在地上装死，一动也不动了。围观的群众这时也呐喊助威："打得好！打得好！"直到远处来了一帮美国巡逻队，穆成宽才罢手离去，那女学生也已被好心人送回家。

为了新中国

1949 年元月天津解放，穆成宽开始了崭新的生活。

1950 年海军派人到天津选拔游泳教练。那时穆家的游泳技术在天津已有名气，因此海军选中了穆氏四人，即穆成宽和他的两个儿子穆祥英、穆祥雄及侄子穆祥豪。

当时，天津市市长黄敬也是游泳爱好者，并经常在技术上求教于穆成宽。当黄市长得知海军要调走穆氏父子侄四人的消息后，立即打电话给有关部门说："穆成宽是个游泳好手、好教练，是个人才，我们天津市需要他。他们这四人哪一个也不能走！"经研究决定，穆成宽被任命为黄家花园游泳池教练员。从此，穆成宽以新中国第一代游泳教练员（当时叫游泳指导员）的身份，以满腔的热忱和充沛的精力投身于游泳运动，为新中国培育了一代代游泳新人。

1952 年 9 月在广州举行首届全国游泳比赛，华北地区在天津铁路工人文化宫举行了游泳选拔赛。在这次比赛中，穆成宽率领天津游泳队大出风头，获得团体总分第一名。其中穆成宽的女儿穆秀珍的 200 米蛙泳，以 3 分 37 秒 2 的成绩打破了 1935 年陈玉琼创造的 3 分 38 秒 5 的全国纪录。穆祥英、穆祥雄也表现出色，获得多项冠军。赛后，穆成宽率领天津游泳队赴广州，代表华北地区参加全国比赛，又获得总分第一名。由此，天津游泳队的穆祥英、穆祥雄、穆祥豪、穆祥杰等优秀运动员被选入国家游泳队，其他人也大部分被安排为游泳教练和体育干部，成为新中国体育事业的开拓者。

老运动员先后被选拔走了。为了使游泳运动后继有人，穆成宽又亲自操持，于 1956 年在天津市办起第一所少年儿童游泳业余体校，自任业余体校校长，在校生有 300 余人。

建校初期，学校一无所有，穆成宽带领全校学生开展了艰苦创业活动。他们从排球场拣来破排球填上沙子当实心球；从仓库找来破麻绳动手加工成简易跳绳；用自行车破内胎做成拉力器；用破足球网改成水球门；男学生的游泳裤衩用破布头缝接而成；女学生的游泳衣用旧运动服改制而成……

穆成宽非常重视学生的品德教育，经常用"万国游泳会"的经历，向学生进行社会主义好的教育，使全校始终保持良好的校风。

在技术训练方面，穆成宽身体力行，手把手地进行传授，还学习苏联和匈牙利游泳运动的先进经验，制订了完备的教学训练计划。在训练实践中，穆成宽还创造性地把气功训练与技术训练有机地结合起来，使学生既有强健的身体，良好的自我控制力，又有专项技术的长足进步。为了滋补学生的身体，穆成宽经常用自己的钱买些牛骨头，给学生熬汤喝。

当年，在京津青少年游泳对抗赛中，天津市获得第一名；在全国 15 城市少年游泳比赛中，天津市少年游泳队又名列前茅，穆成宽被授予"大会指导"荣誉奖。

1958 年，天津市划归河北省，穆成宽被任命为天津市体育学院运动系主任。运动系水上专业的学生也是河北省游泳队的队员，穆成宽同时兼任河北省游泳队教练。

为了检阅新中国成立 10 年来的体育成果，国务院决定于 1959 年 9 月在北京隆重举行第一届全国运动会。河北体委将组建河北游泳队参赛的任务交给了穆成宽。

在训练中，穆成宽对队员要求很严，为了增强运动员的腿力，他率领队员用烂砖头垒成不同高度的台阶，让不同年龄组的队员跳跃不同高度的台阶，有时一堂课要跳上千次。训练垫子不够用，他们就在台阶上铺些破麻袋，运动员常常把膝盖磕得青一块紫一块的。然而只要伤势好转，穆成宽就给伤号安排力所能及的训练。

由于穆教练治队训练严格有效，河北游泳队成绩提高很快。在第一届全运会游泳比赛中，女队战胜了泳坛劲旅广东队，跃居全国第二；男队取得第三名。更可喜的是穆祥雄在 100 米蛙泳比赛中以 1 分 11 秒 1 的成绩打破了 1 分 11 秒 3 的世界纪录。

穆成宽的辛勤工作，赢得了党和人民的信任。他于 1960 年作为天津、河北的代表出席了全国文教群英代表会。

历经动乱，情系泳坛

1978 年，党的十一届三中全会的春风吹暖了神州大地。这一年，河北省体委党组给穆成宽平反，并任命他为河北省游泳馆副馆长兼教练员。1981 年，他又担任了省体委副主任，分管河北游泳队。

由于"十年动乱"的影响，河北游泳队 1977 年、1978 年两年在全国比赛中都吃了"零蛋"。对此落后局面，穆成宽忧心如焚，决心改变这种势头。他多次对人说："河北游泳队不翻身，我死不瞑目。"从 1979 年到 1987 年，每年春节穆成宽都坚持在游泳馆值班，儿子、女儿专程去保定接他回天津过团圆年，他都拒绝了，说："离开游泳馆心里总不踏实。"

为推动河北的游泳活动，使更多的青少年得到比较系统的业余训练，穆成宽不辞辛苦，到全省各地进行游泳活动考察，并以他的名望和省政协常委的身份，向各级领导宣传开展游泳活动的重要性，争取投资修建游泳场地。他特别重视游泳运动的选材工作，甚至不顾年老骑自行车 100 华里到白洋淀水乡选拔幼苗。曾经多次打破全国纪录和亚洲纪录的夏福杰，就是他和王立教练发现选拔上来的。为了学习先进的游泳技术，他还先后请国家体委科研所的同志、国家游泳队教练和外国专家到河北游泳队讲学。

在大家的共同努力下，河北游泳队有了长足的进步，在全国比赛中，屡上名次。短短的几年，河北游泳队从实现"零"的突破到跃进全国先进行列，穆成宽花了不知多少心血，但他并不满足已有的成绩。1983 年，河北游泳队制定六运会奋斗目标时，穆成宽提出要拿 5 块金牌。有人见他年事已高，劝他见好就收，他坚定地表示："我豁出自己这一百多斤，贡献给党，贡献给人民，死也死在游泳池!"河北游泳健儿不负众望，1985 年全国首届青少年运动会，一举夺得十枚金牌；1986 年全国比赛夺得六枚金牌；同年第十届亚运会，河北游泳队夺得四枚金牌；1987 年第六届全运会，河北游泳队积分在全国排第三位。

只可惜，在第六届全运会前夕，穆成宽病重卧床，未能"火线"督阵，未能亲睹燕赵游泳健儿的风采!

经医院检查，穆老患了老年性脑萎缩脑动脉硬化症。他的二女儿穆秀珍赴广州参加六运会游泳裁判工作前夕，专程赶到保定游泳馆看望老父亲。穆成宽对秀珍说："说实在的，我真想让你陪我一块去广州，看看游泳比赛。"女儿安慰爸爸说："您身体不太好，组织上关怀您，让您先治病，病好后，您想到哪儿去，我陪您到哪儿去。"穆成宽说："组织决定我服从，但我身体能顶住。"说着，就要更衣下水游泳，同志们劝也劝不住。女儿说："您要游，就溜边下去，游一小会儿。"穆成宽回答说："我穆成宽游了一辈子泳，没有溜过边，我能跳池！"说着竟真的"扑通"一声跳进了游泳池。哪里知道，这竟是这位泳坛俊杰最后一次下水了。

穆成宽的病情发展很快，以致卧床难起，大小便失禁。1987年11月21日，正在广州六运会执行裁判长工作的穆秀珍，接到省游泳馆打来的电话后，心急如焚地从广州赶到保定医院。当时，穆成宽已滴水不进，昏睡不醒。医生对秀珍说："有什么办法，让穆老醒一会儿？喝点水也好。"秀珍就贴近穆成宽的耳朵，轻轻地说："爸，比赛快开始了，您起来活动活动吧。"一听说要比赛，穆成宽竟马上兴奋起来说："快扶我起来！"（医生顺势让穆成宽吃了药、喝了水）接着又问："让我游多少？"秀珍说："游25米。"于是穆成宽就比画起蛙泳的姿势。后来，医生决定给穆成宽再做一次"C4"检查，让秀珍想法儿把穆成宽叫起来。这时秀珍又贴近父亲的身边说："爸，快比赛了，走吧！"穆成宽说："走！"说着让人扶他起来。穆成宽问："给我报多少？"并叮嘱："你游长的，我游短的。"做完"C4"检查后，穆成宽生气地说："这叫什么比赛？不下水就回来！"秀珍安慰他说："这是游泳新规则，先体检。"穆成宽说："现在科学发达了，先检查身体。王大力（省游泳队优秀运动员）他们检查了没有？"大伙儿忙说："穆老放心，都检查了。"

第六届全运会游泳结束后，省游泳队领导和穆成宽的儿子穆祥英到医院看望他。当游泳队领导告诉他河北游泳队夺得了三枚金牌，总积分排全国第三位时，穆成宽断断续续、含混不清地说："我们……总算……翻身啦！"

穆成宽的病情一天比一天重。他自知病情严重，不愿死在医院，坚决要求回游泳馆，否则拒绝进食服药。按照穆成宽的愿望和家属的要求，省体委派人将他接回省游泳馆。1987 年 12 月 29 日凌晨，穆成宽对守护他的小儿子穆建国和一个游泳队员喃喃地说："你们聊天耽误我睡……半小时，早晨晚叫我……半小时，我再……再去练习！"这是穆成宽留给后人的最后一句话——他临终还想着游泳！

早 6 时，穆成宽的心脏停止了跳动，终年 80 岁。一颗中华民族的游泳巨星殒落在游泳池边。

忆八一体育工作队的老队长黄烈

鲁挺 刘天鸣

2001 年是解放军八一体工队成立 50 周年。在纪念这个日子的时候，历历往事浮上心头，我们首先想到的是黄烈同志，他是我们的上级，我们的老师，也是我们的挚友，关于他的一些事情，我们是怎么说也说不完的。

投身革命 效力体工

黄烈是我军少有的科班出身的老体育工作者。早在 20 世纪 30 年代，他毕业于广东省体育专科学校后，当过中学体育老师，还在国民党中央军校广州分校当过中尉体育教官。当时他就是一个醉心"体育救国"的热血青年。在日本侵略者的铁蹄践踏中华大地，国家民族处于危难关头的时候，他从广州辗转北上，历尽艰险，奔向延安，参加了八路军。他原名清荃，就是在这个时候，为表示自己决心像黄花岗七十二烈士那样献身革命，改名黄烈。在战火洗礼中，他加入了中国共产党，并被支部评为模范党员。参加革命后更增强了黄烈对体育的热爱，也给他提供了发挥所长的广阔天地。在"抗大"学习期间，他主动拿出自己过去的积蓄，给大家买回篮球，做了篮球架，是个颇有影响的体育积极分子。一次他代表"抗大"打球。贺龙师长发现了他，亲自向罗瑞卿接洽，把他调到了一二〇师，成为著名的战斗球队的一员。1941年五一运动大会，黄烈随战斗队回到延安，受到毛主席的接见，还和队友一起，亲手接过朱德总司令授予的"球场健儿，沙场勇士"的锦旗。当时一二〇师战斗队的队员，大都是各单位的干部，都有本职工作，只有他是个专业体育工作者，所以在开展部队体育活动方面，他比别人做的工作更多一些，也积累了比较丰富的经验。他还曾担任"抗大"七分校体育训练队的队长，亲自当教员、写教材，为军队培养了不少体育骨干。解放战争中，他做过一个阶段的军事工作，全国解放不久，就调到了体育工作岗位上来了。1952年八一运动大会上，老首长贺龙又见到了他，遂把他调到八一队当了队长。从那时起，除了"文化大革命"那几年外，他一直在八一队担任领导职务，直到1984年在一次车祸中受了重伤，才离职休养。

黄烈调来时，八一队组建刚刚一年，一切处于草创时期。总政治部对这支队伍提出了很高的要求，要把它建成一支合格的人民解放军的体育代表队，从思想上、技术上、作风上都具备人民军队的特色。黄烈的到来，使这支队伍增加了一位精通体育业务的领导，更重要的是，通过他还带来一二〇师战斗球队的光荣传统。余邦基和许敏是八一队建队时的第一任男女篮球队长，他们回忆说："当时同志们对黄烈的领导是心服口服的。"八一队成立时条件很差，开始借住在先农坛体育场破旧的看台底下，既透风又漏雨。搬到公安后街，算是有了一个落脚之地，也只是些略加修饰的旧工房，有个旧厕所不用了，也填起来做了干部宿舍。开始队里没有洗澡设备，训练课完了坐上卡车到珠市口澡堂冲澡。冬天寒风一吹，头发上都结成了冰碴子。场地只有两个露天篮球场、两个排球场和半个足球场。吃的是战士的伙食标准，后来经领导批准，才每人每天增加四两牛肉。黄烈和大家住在一起，吃在一起，训练在一起，似乎一点也不感觉到苦。他常向大家讲，抗战时期在山西，吃黑豆、光脚丫子，比现在不知苦多少倍，战斗队照样练球。他还讲到，有一次在晋西北临县窑头村的球场练球，已经是冬天了，战斗队的队员们舍不得穿棉袄，都光着身子练，可下身还穿棉裤。刚好贺师长来看练球，问黄烈：为什么不把长裤脱下来？黄烈吭哧了半天，最后才不好意思地说："脱不下来，里面没有短裤。"贺师长一听也笑了，立即叫供给部给运动员各做了一套球衣。这个故事说得大家谁也不再为条件差叫苦了。当时八一队请了唐宝堃、戴麟经等知名人士来当教练，在旧社会他们都是过着比较优裕的生活，来八一队生活下降很多，但他们看到黄队长这样的干部，也是一家三代人挤在一间半平房里，就都毫无怨言了。

从严要求　苦练精兵

黄烈来八一队之前，这个队伍在总政文化部的直接领导下，在思想教育、作风培养、技术训练等方面都打下了很好的基础。但是我们的运动员起点低，经验更谈不上。1951 年参加全国篮、排球比赛，尽管作了很大的努力，但仍然成绩平平，和领导及全军指战员的要求相去甚远。黄烈和教练员、运动员一起，在上级的领导下，开始了艰苦的攀登。许多老运动员回忆那一段时间的情况时说，黄烈同志经常在队前讲话，作宣传鼓动，但是他并不善于言辞，对大家影响最大的还是他的行动。他年近四十，穿上运动服在训练场上一站，对大家就是一种鼓舞。他不光是站在一旁指指点点，而是带着大家一起练，有时还亲自给运动员做示范动作。许敏记得很清楚，当年女篮人数不多，常常要人陪练。黄队长把业务组干部和一些老教练组织起来，加上他自己，和女篮进行对抗性练习。黄队长一上场，就生龙活虎，满场飞跑，口里还不断地鼓动，把训练推向高潮。每天训练完，队员们累得腿都拖不动，上床还得用手搬。可是第二天回到运动场，又是情绪高昂，完全忘记了疲劳。

黄烈抓苦练，更抓作风。开始八一队由于水平上的差距，比赛成绩一时颇难称道，他从不因为失败而声色俱厉地训斥运动员，但对那种甘心落后、胜负无所谓、不求上进的现象，却丝毫不能容忍。他也从不责备运动员技术上的失误和经验上的稚嫩，但看到违反体育道德，只管个人，不顾集体，在场上松松垮垮、胜骄败馁的表现，总要狠狠抓住、严肃批评，从严培养大家的作风和斗志。他经常强调运动员上球场，就要像战士上战场那样，具备英勇顽强，一往无前，竭尽全力，去争取胜利的精神面貌。对于这一点，足球队的朱一先教练特别谈到有关他的一些事情。20世纪50年代初，朱一先在八一足球队打主力，在一场球赛中腿受了伤，关节肿得好大。可马上就是一场关键的比赛，黄烈问他能不能上，朱没有让黄队长知道自己受伤的严重性，坚定地回答说："行，没问题。"经过医生临时处理，朱一先再次带伤上场，而且跑得十分积极主动，为全队争得了胜利，可是下场之后，腿部伤情就很重了。黄烈知道了之后十分痛惜。他热情地表扬了朱一先，说八一队的运动员就是要有这种战斗作风。朱一先因伤重不能打球了，黄烈一直把他留在队里见习，提高足球意识，还创造条件，让他学习足球裁判。后来朱一先终于成为八一足球队的主教练和国内知名的足球裁判员。

那几年八一队的进步是十分突出的，1953年全国篮、排、足球运动会上八一男女篮球、排球和足球五个队全部获得冠军。同年，在全国田径、体操、自行车运动大会上，八一队更以绝对优势，赢得总分第一名，为八一队以后的发展打下了一个很好的基础。

求知若渴　爱才如命

　　黄烈爱才是出了名的。他终生刻苦钻研，求知若渴；同时尊重知识，爱惜人才，为军队和国家培养出许多优秀运动员和体育工作者。八一男排老教练李策大曾在一次座谈会上感慨地说：我参加体育队伍就是黄烈同志领进来的。不仅是我，当年八一男排的主力，大部分来自广东台山，差不多都是被黄烈发现和动员参军的，有的并在他的关怀和鼓励下，经过刻苦训练，成了国内知名的排球选手。新中国成立前，台山很穷，运动员们家里的生活多很清苦，这里还有早婚的陋俗，有的运动员自己到了八一队，家里还留下老婆孩子，而运动队实行供给制，无力赡养家人。黄烈除千方百计依靠组织解决这些队员的问题外，还时常拿出自己的津贴接济他们，使得这些同志安心在部队工作。张子沛教练年轻时就受到黄烈的器重，并由他推荐，到国家男篮担任教练，成为国内知名的篮球专家。著名解放军举重运动员陈镜开也是黄烈发现的。那还是八一队住在公安后街的时候，有一次黄烈领来一个穿便服的小个子青年人，交给张子沛，并且掏出钱来让张子沛领他到街上去吃饭。后来才知道这个青年叫陈镜开，是广东人。黄烈凭他多年的经验，一眼就看出这个小伙子会有出息，想留下他，所以拿出钱来先让子沛领这个小伙子到外面去吃饭。饭后，再从容动员他参军入八一队，而就是这个小伙子，后来成为大名鼎鼎的世界冠军。陈镜开参军后，代表军队参加了许多重要比赛，并成为第一个打破世界纪录的中国运动员。从这件小事，可以看到黄烈为国家求贤若渴的心情和他慧眼识英雄的本领。许多优秀运动员都曾像陈镜开这样，得到过黄烈的热情帮助。如著名乒乓球运动员叶佩琼、胡炳泉也是在广州被黄烈发现后推荐到西南军区体工队的，为了使他们得到良好的训练条件，黄烈还专门购置了一副标准的乒乓球案子，随着二人一起运送到重庆。以后叶、胡都成为国家著名乒乓球选手，担任了国家乒乓球队的教练。"文化大革命"期间，黄烈被迫离开工作岗位，闲居广东佛山，就在这个时候，他还利用自己的影响把杨伯镛推荐到广州军区担任男篮教练，使广州男篮夺得了全国冠军。

黄烈尊重知识，尊重人才，坚决贯彻党的知识分子政策。在八一队的党委会上讨论干部问题时，他总是不搞唯成分论，不搞求全责备，实事求是地评价知识分子和教练员、运动员的每一点进步，并建议组织给予正确使用。在他的影响下，八一队在20世纪50年代末60年代初大胆提拔了一批优秀运动员担任中层领导干部，为八一队这一时期成绩的稳步提升，提供了组织和人才上的保证。

无私奉献　贡献一生

黄烈在几十年人生旅途中也经历了颇多坎坷，但越是在困难的时候，越显示出他对党的忠诚。他出身于非无产阶级家庭，父亲在国民党反动政府当过官，做过坏事，也为革命做过有益的工作，按政策属于"有功人员"。但1952年镇反时被错误地镇压了。直到党的十一届三中全会以后才得到平反，恢复政治名誉。他父亲被镇压时，他正担任华南军区司令部办公室副主任的职务，免不了要受到一些牵连。他相信党，相信组织，正确对待，几十年时间里，对党忠诚，努力工作，思想上没有受到任何影响。他以一个共产党员对革命的忠诚，拖着久病之身，不计名利，"不待扬鞭自奋蹄"，不要报酬，不讲条件，千方百计做有益于人民的工作。他帮助基层组织体育活动，为基层运动队伍的建设出主意、想办法，物色人才。在他主动争取下，多次千里迢迢到北京，为国家体委义务帮助工作。那时，他白天工作晚上写作，专著《篮球》和

《足球》就是在那段时间里完成的。粉碎"四人帮"之后，他又被国家体委邀请到北京主持我国第八届亚运会代表团田径队的集训。当时他已年过花甲，身患多种疾病，但还是只身和运动员住在一起，白天泡在运动场上，晚上找教练员、运动员谈心，做思想工作。为了解决集训中的一些具体困难，他跑机关，找领导，八方求援。为了给运动员医伤治病，他通过自己的关系到处求医找药，昼夜奔忙。他的工作精神、民主作风深深地感动了国家田径队的教练员、运动员，使他们形成了一个坚强的战斗集体。在这次亚运会上，以黄烈为领队的田径队终于取得了12项冠军，第一次超过了日本队的金牌数（10项），完成了田径运动员的夙愿，为祖国争了光。黄烈对党的一片忠诚，对体育的无限热爱，在工作中的忘我精神，赢得了党和群众对他的高度评价，终于使他在离职九年之后，重新恢复了职务，并被选为第五届全国政协委员。

黄烈同志在后半生几十年的时间里，为八一体工队的建设和发展呕心沥血，忘我奉献，百折不回，直至意外受伤久病在床。他去世后，他的家属按照他的遗愿，把他的骨灰撒在了祖国的运动场上。这位终身为社会主义体育事业奋斗的战士，将永远活在人们的心中。

体坛名宿张汇兰的人生追求

———
金　海

我国老一辈体育工作者有两个心愿：一是摘掉西方列强强加给中华民族的"东亚病夫"称号，洗雪百年耻辱；二是倡导体育科学，纠正社会上认为搞体育的都是四肢发达、头脑简单的偏见。为实现这两个目标，许多人甘于清贫、勤耕不辍。我国运动解剖学体系的创建人张汇兰就是其中的一员。

"体育对我来说，倒是一种追求、一种信仰"

1898 年 1 月，张汇兰出生在江苏南京一个教员的家庭。她小时候是个"病秧子"。冬天要穿上两件棉袄御寒，气候稍有变化，就会感冒咳嗽。但是，谁能想到，她那病弱的躯体之下却掩藏着一股常人无法企及的巨大勇气。在当时妇女仍以"大门不出、二门不迈"为美德的社会环境下，张汇兰不顾世俗偏见，高中毕业后毅然报考了上海女青年会体育师范学校，成为该校寥若晨星的女生之一。体育师范学校在张汇兰眼前展开了一个全新的世界。各种球类运动和有趣的皮匠舞很快使她脱胎换骨，甩掉一身病痛。仅仅一学期下来，张汇兰的体重就增加了 4 公斤。当面色红润、精神饱满的她出现在母亲面前时，曾经坚决反对她学体育的母亲惊喜万分，亲昵地叫着张汇兰的小名说："银官，你真的变了。"对在体育师范学校的这段生活，后来张汇兰曾感慨地回忆道："要是当初不学体育把身体练好的话，也许终生什么也学不成。因此，体育对我来说，倒是一种追求、一种信仰。"

体育师范学校对张汇兰更大的影响在于使她第一次接触到体育科学知识，改变了体育仅仅是简单运动的偏见，对体育有了更理性的了解。张汇兰对体育师范学校中开设的解剖，体育生理、心理等课程产生了浓厚的兴趣，对学校中那一副借来的人体骨骼更是爱不释手。所有这些都为她从事人体解剖学的研究奠定了良好的基础。

1920 年，张汇兰以优异的成绩从体育师范学校毕业。作为全校的两名优秀毕业生之一，她被选送到美国密尔斯大学体育系深造。三年后，她应召回国，在金陵女子大学任教，开始了她长达 65 年的教学生涯。

中华人民共和国成立前，张汇兰先后在金陵女子大学、南京中央大学和河北女子师范学院任教。在当时的社会环境下，中国的体育事业十分落后，女子体育更是无人问津，器材、资金、设备几乎都是一片空白。但是，出身贫寒之家的张汇兰具有艰苦创业的精神。小时候，她有一手绝活，能把旧衣服改得整洁合体，令人称羡，因此，母亲和哥哥给了她一个"改造博士"的雅号。长大后，她把这种精神带到了工作中。缺少骨骼标本，她就趁国民党建都南京大兴土木之机，带领学生到工地上挖掘出的坟墓中搜集骨骼标本。没有教具，她就用丰富形象的比喻加强学生对枯燥概念的理解，她用钢筋水泥作比喻使学生在没有显微镜的情况下准确把握骨骼的化学成分及其作用的教学方法，至今仍为学生们所津津乐道。在河北女子师范学院，她仅凭一台旧的留声机，带领学生做起了韵律操和垫上运动，把全校的体育活动搞得虎虎有生气。她还经常在校内外组织一些体育表演会，邀请社会各界人士参加，以宣传女子体育，扩大学校影响。在她担任中央大学女子体育部主任的六年里，她的体育课成了学生最爱上的课。在河北女子师范学院，她一手创建了体育系，并担任系主任，使该校的体育教学工作蓬勃开展起来。

但在腐败的旧中国，张汇兰献身体育的满腔热情并没有得到社会应有的报答，换来的只是排挤和冷遇。在金陵女子大学，尽管张汇兰的体育课备受学生欢迎，可是校方却以她没有大学文凭为由，不许她参加教员会议，而一些与她同等学力的外国教师却可以堂而皇之地走进会议室。张汇兰受不了这种歧视，于 1925 年再次赴美，一年后取得体育学学士学位。当她踌躇满志地走进南京中央大学，准备一展才华时，没料到等待她的却是更大的打击与失望。由于缺乏教具，张汇兰把自己辛苦攒下的积蓄交给校方，让他们添置设备，钱却被校方贪污。她带学生到工地去捡骨骼标本，却有人放出风言风语，说这是"盗人祖坟，触犯法律"，要判刑一年。1935 年暑假前夕，校方突然通知她，她的职位已被国民政府一个体育督学的妻子顶替。在社会的排挤打击下，张汇兰振兴中华体育的梦想成了泡影。她只能出国进修，以专心治学来排解自己的压抑心情。她先后在美国的威斯康星大学、麻省理工学院和衣阿华大学主修体育、公共卫生和生物学，获得两个硕士、一个博士学位，成为中国有史以来第一位体育女博士。

新中国为张汇兰施展才华提供了天地。1949 年 10 月中旬，她应邀参加筹建中华全国体育总会，再次投入了发展中国体育教育事业的工作。当时百废待兴，体育运动的科学基础更是十分薄弱。1952 年夏，根据中华全国体育总会提出的"协助体育部和各地文教机关筹办体育学院和业余短训班，培养体育师资、干部和积极分子"的工作大纲，华东教育部决定将南京大学、金陵女子大学和华东师范大学三校的体育系合并，成立华东体育学院（上海体育学院的前身）。当时这三所学校的体育系在全国都是首屈一指的，但它们的状况也十分可怜。并校时，南京大学体育系有学生 38 人，华东师范大学体育系有学生 43 人，而金陵女子大学体育系仅有学生 8 人。并校后的华东体育学院同样十分简陋。全院仅有一幢大楼同时用作教学、办公和住宿，当时被师生们称为"三合一大楼"，全部校舍建筑面积只有 2576 平方米。并校后的华东体育学院设四年制本科和二年制专科两种学制，加起来也只有学生 162 人。它的88 名教职员工也是从各校临时抽调来的"杂牌军"。值得一提的是它的教师素质很高，25 名教师中有 7 名教授、8 名副教授和 4 名讲师，他们中有 6 人曾留学欧美，2 人获博士学位，4 人获硕士学位。这就是我国第一所体育高等学府的概况。

在学校筹建时期，张汇兰是筹建小组的成员，建校以后，她又出任该校首届教务长。但是，她很快就辞去了这一职务，把全部精力投入组建全国第一个运动解剖学教研室的工作。当时，教研室的全部家底只有张汇兰从金陵女子大学带来的一副人体骨骼，书籍、教材和杂物加在一起还不满两篮子。但是，这并没有难倒这位"改造博士"。她又采取了在南京中央大学的"捡骨头"办法，利用进行五年计划建设需要平整一些无主墓地的机会，收集遗骨。就凭着这种方法，她从苏州等地搞到了几百副人体散骨。在华东体育学院技术员施德兴等人的巧手下，这些零散的骨头很快被串成了全国最好的骨架标本。她还请人把人体的各种结构画成挂图，以便学生更好地了解人体结构。运动解剖教研室逐步发展起来，各项设备基本上适应了当时运动器官教学的要求。

除了在硬件上自力更生外，张汇兰还非常注意在软件上适应新时代的需要，进行知识更新。1953 年，张汇兰已经 56 岁，但她还是每周四次坐车横穿上海市区到上海第一医学院去旁听人体解剖学，吸收最新的知识成果。有时教室满座，她便倚窗而立，一站就是半天，其好学精神令周围的年轻人敬佩不已。1963 年，张汇兰作为组长，编写了我国第一本体育院校专用的人体解剖学教材，结束了我国体育院校无统一教材上课的历史，同时也奠定了以后运动解剖学发展的基础。

在保证教学质量的同时，张汇兰也十分关注国外的研究动向，大力引进新生力量，以使我国运动解剖学的发展能跟上国际先进潮流。当时，美国一个著名生物力学家斯坦恩特勒发表了《正常和病理状态下的人体运动力学》一书，张汇兰阅读后立刻敏锐地感到运动生物力学是体育科学的一个发展方向，大有潜力可挖。因此，她把交通大学毕业的铁路工程师林建英“挖”到了上海体育学院。这个似乎与体育风马牛不相及的教授凭着他在力学上的深厚造诣成了上海体院运动生物力学发展的中坚。张汇兰还在自己的研究生培养方案中增加了让学生到复旦大学听高等数学、理论力学等课程的内容，使他们能够博采众长，为我国运动生物力学的发展培养了有生力量。在张汇兰的努力之下，上海体育学院运动解剖教研室迅速发展起来，成为我国研究运动解剖学的一个重要基地。直到 20 世纪 80 年代，她一手创办的上海体育学院运动解剖教研室还是全国体育院校中唯一的人体解剖学博士学位授予单位。

“我是中华体育腾飞的啦啦队员”

张汇兰有一句话：“美国富裕，物质再好是美国人的。我们只有自己努力，建设好祖国，才是自己的。”因此，她把毕生精力都投入了我国的体育教学事业。从教 65 年的张汇兰可谓桃李满天下。1983 年在加拿大召开的国际生物力学第九届学术讨论会上，她的学生金季春代表我国第一次在会上发表论文，获得"卓越成就奖"。陆爱云是上海体育学院基础部主任、博士生导师，她的关门弟子白怡春现在是美国芝加哥伊利诺伊大学的终身教授。如今，他们在国内外运动生物力学发展的各个领域起着重要作用。

呕心沥血的工作给张汇兰带来了巨大的荣誉。她以多个"第一"在中国体育发展史上留下了自己的名字：

她是我国第一个体育女博士；

她是金陵女子大学第一个担任系主任的中国人；

她是旧中国全运会篮球比赛的第一个女裁判；

新中国成立后，她是华东体育学院的第一任教务长；

1983 年，国家体委向她颁发了"国家体育运动荣誉奖章"，她成为获得这项体育荣誉的第一个体育女教师。

1987 年，张汇兰 90 岁。这一年，她收到了一份恰如其分的寿礼。联合国教科文组织决定，将首次颁发的"体育荣誉奖"授予这个为中国体育事业贡献毕生精力的老人。张汇兰又增加了一个"第一"头衔。6 月 4 日，联合国政府间体育运动委员会在巴黎召开的全体成员国会议上举行了隆重的授奖仪式。联合国教科文组织总干事姆博与政府间体育运动委员会主席先后在会上发言，盛赞张汇兰教授为体育事业，尤其是为开创中国妇女现代体育所作出的杰出贡献。大厅里不时响起雷鸣般的掌声。

作为一个老体育工作者，张汇兰关注发展体育事业的热情并没有随着年龄的增长而冷却。1980 年，她去美国探亲。在美国的侄子、侄女希望她就在美国定居，好让他们照顾这位孤身的老人。但张汇兰拒绝了。临行前她曾对同事说："我会很快回来。我去美国不光是探亲。我从来没想过养老。那里没有我的事业，我只是想亲眼看看美国近几十年的体育教学和科研发展情况，开阔一下眼界，或许对我们的事业有点好处。"在美国的两个多月里，83 岁高龄的张汇兰不顾年老体衰，在学生和亲友的搀扶下跑遍了美国的东西南北，考察华盛顿大学、夏威夷大学、威斯康星大学、洛杉矶大学等学校的体育课程设置和科研训练现状，并向美国同行们介绍了中国体育的发展概况，受到了热烈的欢迎。

张汇兰十分注重后备力量的培养。她将十几名各有专长的学生，推荐到美国的大学深造，使他们能成为运动解剖学研究的新生力量。在担任华东体育学院教务长的时候，她每月的工资有 320 元，这在当时算"高收入"了。但是过惯了勤俭节约生活的张汇兰却与奢侈享受无缘。1985 年，她将毕生的积蓄 2 万余元捐给学校，设立了张汇兰体育科学基金，奖励、资助青年学者从事体育科学研究。张汇兰用自己工薪收入的积蓄建立基金，钱虽然不多，但包含了一个老体育工作者期望青年人作出更大贡献的拳拳之心。

但是，为体育事业工作了一生的张汇兰却从不在个人荣誉和金钱方面要求回报。以前，曾经有许多人认为她是中国第一个体育女教师。张汇兰得知后表示："不，中国的第一个体育女教师是我的老师陈英梅先生。"她不愿掠人之美，几次写信给在美国的朋友，索要陈英梅早年留美时的材料，并将它送交体委有关部门。她还专门请人整理和发表了一篇文章《我国第一位女体育教师》，还历史以本来面目。在上海体育学院召开的庆贺她获得联合国教科文组织"体育荣誉奖"的大会上，张汇兰表示："我是体育战线的一个老兵，我没有作多大贡献，但党和人民给了我很大的荣誉。人生是有限的，事业是无限的。我要在有生之年，竭尽余热，继续为中华体育的腾飞，当一名啦啦队员。"

一个为中国体育科学事业奉献了毕生精力的老教授，我国运动解剖学体系的创建人，在回顾一生的时候却只把自己定位为"一名啦啦队员"，这种虚怀若谷的品质使到场者肃然起敬。

"老年人一定要有事情做"

1981 年，张汇兰在带完了最后一批研究生后，退居二线，这时她已经是 84 岁高龄了。退休后的她生活很有规律，自己制定了严格的作息时间。在饮食方面，她不吃过甜、过咸的食物，也不吃零食。饭不吃过饱，而且少吃荤菜，多吃素菜、水果。虽然上海体育学院专门配了一个保姆照料她的生活，但她还是经常自己动手做些家务，平时也种花和集邮，工作闲暇之余，还爱听听音乐，以调节和丰富自己的生活内容。

张汇兰并没有因为年老退休就放弃自己的追求。当人们祝她健康长寿时，她总是说："我不要人们祝我长寿，而希望祝福我具有劳动力。一个人如果丧失了劳动力，完全依靠别人来伺候，那生活就没有意思了。所以，老年人一定要通过锻炼身体而具有劳动的能力，老年人一定要有事情做。"直到 1995 年她失去生活自理能力以前，学习和锻炼一直是张汇兰生活中的两大主旋律。1984 年，当时的《北京体育学院学报》副总编辑鲁牧采访了她。当话题转向学习时，张汇兰显得格外兴奋。她说："我特别喜爱读书。学习是我最喜欢、最高兴的事情。"她告诉鲁牧，自己一直在收听英语广播，就怕老是不听、不用，生疏了。前几天，令张汇兰高兴的是又听到了法语广播，这让她又记起了以前学过的法语单词。她每天早、中、晚都准时收听英语和法语广播。她骄傲地告诉鲁牧说："别看我年岁大了，我可什么都想学。我还会点德语。记得1936 年我们体育考察团去柏林观摩第 11 届奥运会时，绝大部分人只会讲英语，不会讲德语。可当时德国人很不喜欢人讲英语，所以上街买东西时就由我用德语跟他们对话。因为我旁听过德语，还真应付下来了。如果现在有德语广播，我还要听德语。"

张汇兰始终没有忘记当年上海女青年会体育师范学校给她上的重要一课：体育锻炼是身体健康的最好保障。马约翰曾经向她建议："不管你做什么运动，反正一定要运动。"她自编了一套床上操，以运动腿部。其主要运动方式有：身体平躺在床上，两腿并拢，上举和放下；两腿并拢屈伸；两腿做蹬自行车状；两腿分开，举起，各自绕环等。一套操做20分钟，每天在清晨和午睡醒来后各做一次。这些体育锻炼使张汇兰在90岁高龄还精神矍铄。她还把体育运动对调节精神的作用提到理论高度来分析，说："从生理讲，这叫负诱导，使大脑皮质的兴奋和抑制相互转移，达到积极休息的目的。生命在于运动。要延缓老年机能衰退，关键在于运动。"真是三句话不离本行。

1997年，张汇兰在上海去世。

我国第一位打破世界纪录的女运动员郑凤荣

杨玉珍 采访整理

　　说起郑凤荣这个名字，可能现在的年轻人已经比较陌生。但是对20世纪五六十年代走过来的人来讲，她可是家喻户晓的明星。她是第一个打破田径世界纪录的中国人，也是第一位打破世界纪录的中国女性。毛泽东、周恩来、贺龙等党和国家领导人曾亲自接见她，国际奥委会主席萨马兰奇向她颁发奥林匹克银质勋章，称她是伟大的运动员。1957年11月17日，她以纵身一跳，宣告了我国在田径跳高项目上再也不是弱势选手。美联社为此发布消息："一位20岁的中国姑娘在北京以有力的一跳，向世界田径界宣告，六亿中国人不会永远是落后的选手了。"50多年过去了，这位当年耀眼的明星如今过着怎样的生活？回忆自己几十年的运动生涯，她是什么样的感受？让我们一起走近她，走近这位为国争光的女运动员的光荣与梦想。

　　本刊：您当年是怎样走上跳高之路的？是您小时候特别喜欢，还是家里人也有从事这方面工作的？

　　郑凤荣：*我家里没有人做这种工作。我是山东济南人，小时候家里很穷。很穷的话，就没有人去搞体育。那时候在人们的思想中，只有头*

郑凤荣破 1.77 米世界纪录时的照片

脑简单、四肢发达的人才会去搞体育，搞体育是被人看不起的。

　　我 1937 年 5 月 16 日出生，生出来不久就爆发了"七七"事变，日本侵略者侵略中国。那时候我们家里只有姥姥、大姨、三姨和我妈（我妈是老二），我父亲在我还没出生时就去世了，我属于遗腹子。我上面我妈还有过三个孩子，但他们都没成活，我是第四个出生的，所以生出后家人对我特别好、特别疼爱。后来，因为那个年代和那种思想，我妈又给我领养了一个弟弟。为了好养活，当时给我和弟弟取的名字是大狗、小狗。

　　我从小就比较争强好胜，性格像个男孩子，在学校里都是我保护弟弟。他如果受了委屈，被别人欺负了，我就冲出去为他打抱不平。之所以和体育结缘，除了我的性格外，也和我当时上的学校和学校的老师有关系。我上的小学是济南市刘家庄小学，这个学校很重视体育运动，在体育方面是很有名气的。学校当时有两百米的体育场，这在那个年代算条件比较好的，因为很多学校都没有体育场，所以学生们对运动都很感兴趣。当时有个老师叫薛斌，注意到了我的运动天赋，对我很好，也很有意识地培养我。我那时刚上一年级，看到我们学校那些高年级的同学每天早上起来锻炼，有时候还出去参加比赛，捧回很大的奖杯来，就特别羡慕，觉得他们特别光荣。

到了三年级的时候，因为我功课非常好，经常拿第一名，老师们就更注意我了，尤其是薛斌老师，一直在体育方面重点培育我。我刚开始参加体育运动，不是练的跳高，而是垒球。很多人现在不知道垒球是什么，其实是一种像手榴弹样的东西，现在这种运动没有了，都是标枪、铁饼、铅球之类的。有一次，薛斌老师对我说，你也试试跳高吧。因为我当时又瘦又高，腿很长，长得像个麻秆儿，所以跳高时我一抬腿就跨过去了。看了我这一跳，薛斌老师觉得我跳高还有点意思，从那以后就开始尝试着培养我跳高。谁知这一跳，就一辈子与跳高结缘了，以至于后来破了世界纪录。所以，薛斌老师算是我的伯乐，他发现了我，培养了我，给我打下了很好的基础，所以我后来才能有机会参加比赛，进入国家队。

小学的时候虽然也训练，但是比赛还是比较少的，到中学以后，参加比赛的机会就多了，经常代表学校、市里、省里去参加比赛。我记得当时小学毕业同学之间互相写祝词，很多同学给我的祝词就是希望我成为一名运动健将。当然，现在已经不说运动健将这个词了，都说世界冠军、奥运会冠军、世界纪录创造者，等等，但那时候能成为一名运动健将就是件很了不起的事了。其实，虽然喜欢运动，但我那时候的梦想却并不是成为一名运动健将，而是想当一名海军，穿着蓝白色的海军服，衣带飘飘，想想就很帅很酷。其实那时候什么都不懂，对自己的未来也很茫然。后来考过一个军事学校，但因为年龄小，没有被录取。当时我知道我唯一能做的，就是好好学习。

现在回想起小时候的训练，真是过程很艰苦，条件也很差。那时候就连运动鞋都不能一人一双，而是一双鞋比赛的时候很多人轮流穿，前一个人穿完，通常鞋里的热气还没散尽，就已经穿到了另一个人的脚上。条件虽然艰苦点儿，但我们本身却是快乐的，大家在一起，没有你的、我的之分，什么都是大家伙的。因为都是小孩子，都很天真活泼，所以没有什么歪门邪道，就只知道好好训练。做运动员不能和做明星相比，明星可以一夜成名，可以一夜暴富，但运动员要经过长期的艰苦训练。即使训练，也不能保证每个人都成功，成功是属于少数人的。但成功的过程却不是一个人单打独斗的过程，而是很多人帮助你成就梦想的过程，大家的团队协作精神特别重要。

本刊：您后来是如何进入国家队的？在国家队是一种怎样的状态？

郑凤荣：我能进入国家队，还要感谢一个人，那就是我的教练黄健指导。当时我初中刚毕业，十五六岁的年纪，代表华东地区参加1953年的全国田径、体操、自行车比赛，田径赛中我跳了第四名，他二、三名都没要，要了第一名和我。就这样，我进了国家队。

说起来也挺有意思，那时候国家队在上海和天津都有训练基地，上海队本来也要我去，我都把被子行李弄到上海去了，后来天津又让我去，我最后去了天津。当时因为不知道该怎么选择，我就拿个尺子在地图上量，看上海和天津哪个地方离家近一些。一量，还是天津比较近，就去天津了。去天津还有一个原因，就是在那有我一个老乡，是打篮球的，因为认识他，所以征询意见的时候，我就说我想去天津。

那时候没出过远门，离开济南到青岛都兴奋得不得了，因为青岛有海啊。后来又到了上海，发现上海真是个繁华的大都市，那么多霓虹灯。当时我们去一个地方都是坐火车，没有座位，大家就躺在座位的下面。进了国家队之后，我们出远门还是这样。

去了天津以后，黄健指导选了我，我就正式成了国家队的队员。其实当时也不叫国家队，叫出国人员审查班，其实就是国家队的前身。我记得我们训练的地方叫重庆道100号，因为天津都是斜路，不是正南正北，所以当时我老迷路。我去的时候16岁，属于年纪比较小的，其他运动员都比我大，吃的也比我多。我们那时都是吃大锅饭，我因为刚去，不好意思多吃，再加上正是长身体的时候，老觉得饿，每天都吃不饱。后来发现有个原来是德国租界的地方卖小面包，我就每天买小面包吃，算是解决了"温饱"问题。我刚去的时候身高是1.64米，体重87斤，后来过了两三个月，我一下子蹿到了1.70米，队里给做的裤子都短了。裤子穿不上了，我就用发给我们的生活费买布做了一条裤子。当时生活费好像是每个月8块钱，除了买吃的穿的，也不剩什么了。

我们当时是100多号人一起训练，男的女的都在一起练。我因为性格比较争强好胜，不甘落后，就跟在男队员后面练，他们练什么我也练什么。不久后，我受伤了。我猜可能是因为我以前没有经历过系统的训练，再加上年纪太小运动量又太大，所以把关节搞坏了，磨损严重，很疼。后来我的两条腿都不能走路了，只能坐在那儿拉肌肉、做点腰腹肌之类的活动。后来慢慢地，不光是我一个人受伤，队里开始形成一个伤病号组。有些人就对我们伤病号组的人有意见，说我们白吃干饭，不训练。尤其说到我，说郑凤荣最熊包。那时割尾巴就想把我割掉，后来幸亏有一个叫孙科的领队替我求情，我才没被割掉尾巴，要不后来就破不了世界纪录了。因为后来才知道，那108个人里面就出了我一个。

在国家队，我养成了有组织、有纪律的生活作风和习惯，后来这种习惯影响了我一生。说起有组织、有纪律，得先说一下当时我跟着人家一起训练的解放军八一队，如果没有他们，我不可能受这么大的影响。他们作为军队的运动员，都是进行军事化的训练，很严格。我因为跟他们在一起训练，就处处以他们为榜样。他们早晨集合早，并且五分钟内必须完成集合，我为了不落后，就穿好衣服在被窝里等着，一吹口哨，我就立刻跑出去，所以看起来一点都不比他们差。他们每次去训练，排着队唱着《打靶归来》《社会主义好》等歌曲，我也排着队跟在他们后面唱，声音特别洪亮。正是因为跟他们在一起训练，我养成了严格要求自己的习惯，为我以后的训练打下了很好的基础。

本刊：1957 年 11 月 17 日，您在北京田径运动会上跳过了 1.77 米，破了美国选手麦克·丹尼尔保持的 1.76 米的世界纪录。听说在您破纪录前大概一个月，周总理专门去看过您跳高，并给了您很大的鼓励。您在多种场合说过，是周总理的话激励了您，您才能在不到一个月的时间内打破世界纪录，是这样吗？

郑凤荣：1957 年 10 月 20 日，这是我永远难忘的一天。这天，我们正在北京体育学院进行中苏友好田径赛。令我做梦也没想到的是，周总理竟专门来看我的比赛了。

那时候进行比赛，没有主席台，没有看台，就是临时搭一个台子。我当时正在休息，突然有人跟我说，郑凤荣，你赶紧做准备！我心想：怎么提前了？本来那场比赛是男运动员先跳，后来因为突然听说周总理要来看我跳高，所以改成了我提前跳。我之前一点都不知道周总理要来看比赛，后来一听到这个消息，激动得不得了，赶紧准备，心想一定要跳好，一定要在总理面前表现好。在这之前，我在国外跳过 1.72 米，南京跳了 1.73 米，上海跳了 1.74 米，这次在北京，我一定要加到 1.75 米，要破全国纪录，因为就差 1 厘米嘛，在这个基础上升 1 厘米，应该没问题，我觉得肯定可以的。我计算得很好，但事与愿违，当时因为高度加得太快了，跳得非常不好，跳1.75米，连续三次都不过。

我当时心里特别难受，难受地掉了眼泪。这时候有人让我上台，说周总理要见我。总理当时拿了个鲜花要送给我，紧张得我不知道该怎么处理，还是贺老总提醒了我："总理给你献花，你就拿着吧。"我就把花接过来了。然后周总理说："郑凤荣，你还年轻，时间还长着呢。你一定能打破世界纪录！"说完说要一起照个相。人家都是争着跟周总理照相，周总理却主动说要和我照相，我当时真是受宠若惊，心里不知多激动了。后来这张照片全世界都刊登了。这是我一生的精神支柱。这张照片一直挂在我家的墙上，每当有困难，受了委屈，或者生病了，看一看这张照片，一切都会云淡风轻。

1957年11月17日，在周总理看过我跳高比赛后不到一个月，在北京田径运动会的赛场，我成功跳过1.77米，打破了美国运动员麦克·丹尼尔在1956年夏季奥运会上创造的1.76米的世界纪录。其实，这已经是我第四次冲击世界纪录了，之前在南京、上海、北京都冲击过1.77米，但都没有成功，这次就这样轻松跳过了。破纪录的第二天，我就专门给周总理写信致敬。你想，一个月以前日理万机的周总理专门来看我的跳高比赛，这说明它很重要。当时我就下定决心，无论如何要破世界纪录。因为那时觉得自己已经有这个基础，技术上也已日臻完美纯熟，跳过1.70米以上很多次了，从量变到质变，破纪录只是时间问题。这次，我终于没有辜负周总理对我的期望，成功跳过了1.77米，打破了别国选手保持的世界纪录。

我破了纪录后，当时美联社发布消息说："一位20岁的中国姑娘在北京以有力的一跳，向世界田径界宣告，六亿中国人不会永远是落后的选手了。"其实当时，我并没有意识到这一跳将会产生的重要影响。那天，我跳完之后就换衣服跟朋友们吃饭去了，我还跟他们说："破了。"他们问："破了什么？"我说："破了世界纪录。"第二天美联社一报道，我才知道有这么大影响，之前根本一点都没想到。不过，即使知道这一跳的重要意义，我觉得我也不会像现在的运动员一样，那么敢于表达自己的感情，比如脱衣服啊，披着国旗绕场一周啊。我们那时候什么都不会，跳完就默默下场了。因为当时对我们的教育是，要学会控制自己的情绪，不管是高兴或不高兴，都得忍着，要戒骄戒躁，学会"夹着尾巴做人"。

我认为当时之所以在这么短的时间内破了世界纪录，真的和周总理的激励有很大的关系。这种激励不是金钱能买到的，不是说你放那几十根金条我就能跳过去的，这是一种精神的力量。所以我后来经常说，我们是周总理培养起来的运动员。

1976年1月，周总理终于顶不住病痛的折磨离世了。我听到这个消息，觉得天都要塌了，痛不欲生，干什么都失去了动力。女儿问我："妈妈，我们能不能把周爷爷（的遗体）放到我们家里来？"她那时候只有8岁，连她这么小都懂得对周总理的感情。后来她长大了，每当我遇到困难、灰心丧气的时候，她都安慰我说："妈妈，想想周爷爷，一切都会过去的。周爷爷都受了那么多委屈，我们受的这些委屈又算得了什么呢。"

本刊：经过了几十年的运动生涯，您怎样理解体育精神？

郑凤荣：体育本身能培养人的精神和品德，但体育竞争也是残酷的，它需要有一种向上的精神，一种勇往直前的态度。因为冠军只有一个，所以你必须朝着这个目标和愿望努力。在我们运动员看来，这就是一种信仰。如果你想实现这个目标，一定得比别人多吃苦，要牺牲更多的东西。

像我的外孙子和外孙女，他们现在只有十几岁，他们也在搞体育。我们（我老伴也是搞体育的）一般都不对他们进行什么批评教育，他们好像从我们身上就继承了某种东西，被熏陶了某种精神，所以不用跟他们讲什么大道理，他们自然就会有那种精神和态度。"文革"后，我本来不想再搞体育，也不想再让我的孩子们从事体育工作。但这是不以我的意志为转移的，他们在这方面有天赋，有这方面的爱好，所以又很自然地走上了这条路。

只是，现在的孩子们和我们那时候相比吃苦的能力太差了。不是说他们现在不够努力，不能吃苦，而是时代不同了，对自我的要求也不同了。外交部原部长李肇星曾问过巴西球王贝利："你的孩子为什么没有成为一个体育健将和明星？"贝利说："我过去是因为穷才闯出一番天地，现在我的孩子太富有了，所以他成为不了明星了。"我们那时候作为运动员，是认准了一条路就一直走下去，没想着以后会因为这条路改变自己的生活，改变自己的命运，或者指望着通过它能获得什么，而只是把它当作一项工作，锲而不舍地做下去。但现在的运动员目的性都很明确，除为国争光外，他们得了冠军都有实际的物质补偿，比如可以当明星，可以接广告，可以有物质奖励，等等。

但是现在的运动员也确实不容易，我们应该以正确的心态来对待他们，看待他们的成绩。如果说让他们每次比赛都赢，我觉得这不可能。因为人的精力是有限的，可能训练的时候天时地利人和，发挥得挺好，但上场后稍微松懈一下，或者心里有闪念的变化，别人马上就能赢你。因为你和对手水平都差不多，大家都争这一块金牌。所以，我们对运动员的要求应该客观一点，他不是神仙，他是一个运动员，和我们是一样的。他打赢了，为国争光了，我们当然替他高兴；他打输了，我们也应该从心里理解他，而不是骂他、羞辱他。朱建华1984年参加美国洛杉矶奥运会的时候，拿到了跳高的第三名。第三名的成绩在当时已经相当不简单了，但是回国后人们骂他，打他的玻璃，吐他的唾沫。这是不对的，不是对运动员的正确态度。

毕竟运动员是人不是神，如果一个运动员每次都拿冠军，那就不正常了，就违背了事物发展的规律。我们要从运动员的角度多考虑一点，对他们期望别那么高，失望也就没那么大。现在的领导也应该这样，不能他拿了冠军，你就拍他的肩膀，说你这好那好；没拿冠军就不拍肩膀了，就开始骂了，这个不行。拿了冠军不要宠他，没拿冠军也不能又训又骂，抓好日常的训练才是最重要的。我们最终还是要靠运动员出去打比赛，为国争光，所以我们要善于保护运动员，正确教育运动员，让他们的运动寿命能够长一点。保护不光是身体上的保护，保护他们不受伤，而是更要从思想上、心理上保护他们，保证他们的心理健康、心态健康。

还有一个问题，即如何处理好运动员辉煌时期和退役之后的关系。有个很优秀的运动员曾跟我聊过，说他担心退役以后的生活。按说他现在既有名又有钱没什么可担心的，可是他还是对未来充满忧虑。他这样的人都担心，更别说普通的运动员了。对这个问题，我们国家及国家体育总局应该加快解决的步伐与解决的强度，慢慢来还真的不行，因为很多人已经面临这个问题了。

我觉得将来体育发展的方向是全民健身，普及和提高应该是相辅相成的，该拿金牌还要拿金牌，但不能把拿金牌作为唯一目的，要争取全民健身，人人都参与到体育运动中来，关键是怎么把13亿人民的健康搞上去。现在一个家庭大多都只有一个孩子，我们更应该把他们的身体健康搞好，因为他们是我们祖国的未来，祖国是要靠他们去建设、去壮大的。如果只朝着金牌的方向努力，体育之路必定会越走越窄。

本刊：您刚才也说到运动员退役后的生活问题，说明您很关心这部分人员的生活。听说您创办了郑凤荣体育文化发展基金会，专门资助退役后的老运动员？

郑凤荣：是的，我是创建了一个基金会，主要是想资助那些已经退役的老运动员、老教练员及其他退休的老体育工作者。这些老体育工作者很多跟我一起战斗过、一块刻苦训练过，最后我成功了，他们没有成功，只是在背后默默付出，所以我觉得我有责任、有义务帮助他们，我不能忘了他们。我自己生活好了，但是他们很多人生活并不如意，有的被分配到地方去，有的甚至当了工人，他们的生活都不太富裕，工资很低，平时也少有人问津，我觉得他们应该得到关爱。通过创建这个基金会，可能我在物质上并不能给予他们太多的帮助，通常就是两万、三万、五万的关怀基金，但是有这个钱，虽然不多，起码可以让他们心里觉得温暖。

我刚开始搞基金会的时候，我老伴不理解我，说你干吗搞这个，受累不讨好，对我做这件事完全持一种反对态度。他认为老了就应该颐养天年，陪着孙子孙女，享受天伦之乐，但我不行，我就喜欢干事，闲不住，脑子里每天就是基金会的事。

基金会刚创办的时候，也遇到过很多困难，很多人不理解，说我做这个事情就是为了名为了利。我心想，我现在要名和利还有什么用呢，要名早就有了，要利？基金会能得到什么利？国家对基金会管得这么严，恨不得你花一分钱他都要知道花到哪里去，我怎么从中追名逐利？不光很多人不理解，在程序操作上刚开始也因为不懂，还受到过有关部门的警告和处分。去年，有位在大连的老运动员给我打电话，说她有困难，问我能不能借给她8000块钱。我老伴说，你给她寄一万，我就真给她寄了一万。寄了一万以后，有关部门知道了，说你违规。为什么违规？因为自己拿钱出来，这不算，你没有以基金会的名义来做就是违规。我赶快让人家把钱寄回来，结果那个人还不理解，老打电话问我怎么钱又不给她了。我告诉她，我们确实会给她的，不过要按照程序走、按流程走。最后，她得到了一万元的救助基金，她很高兴，也表示对我和基金会非常感谢。

通过慢慢做这个工作，很多人理解我了，曾经得到过我帮助的人说谢谢我。我说别谢我，要谢就谢共产党。我从年轻时一直受老一辈党和国家领导人的熏陶，比如毛泽东主席、周恩来总理、刘少奇主席、朱德委员长、陈毅副总理、贺老总我都见过，他们都对我进行过谆谆教诲。这种教导一直影响了我一生，成为我人生的精神支柱。我就是想着能为社会做些事情，回报他们对我的关心和爱护。

通过做基金会的工作，我也认识到，要对退休的这些老人进行关心，光给他们钱是不够的，他们需要精神上的关爱和扶持，要让他感受到大家庭的温暖，让他不寂寞、不孤独。怎么给他们提供这样一种环境呢？我有机会就组织大家聚会，大家在一起见见面、聊聊天，可能心情就会好很多。有时候别人给了我东西，我就给他们每人送一点，比如鸡蛋、大米、蔬菜之类的。他们可能不缺这种东西，他完全可以花十块钱买到，但是这跟买的不一样，感觉不一样。所以，我常说，基金会就是要送得及时，送到点子上，送到心坎上，送到心窝里。通过这种关心，老同志们就会感到温暖，就不会整天胡思乱想，就会收到和谐团结的效果。虽然我做的这个事情范围很小、影响很小，但最起码他们知道了，知道郑凤荣想到我了，关心我了，我不是没人管、没人问。现在退役的年轻运动员尚且可以自谋职业，但这些老人不行，他们不能出去再就业，有的子女给他们的关心也不够，这就使他们不免会感觉孤单、落寞，所以我经常组织大家聚聚会、吃吃饭，或者聊聊天、唱唱戏、联欢联欢，他们是非常高兴的。

我从年轻时就是个闲不住的人，喜欢做事情。现在每年都进行的汽车拉力赛和到今年为止已经举行了 32 届的马拉松比赛，都是我早年提议进行的，我为此做了很多工作。我当全国政协委员的时候，也给全国政协提过多个提案，其中有两个得到了采纳：一是大型比赛如奥运会、亚运会等赛事企业赞助免税；二是放开对飞机低空飞行的限制。这两个问题后来都得到了解决。通过做这些事，我想证明我不单纯是一个运动员，我也可以成为一个在其他方面对社会有所贡献的人。

我今年已经 78 岁了，但别人都说看着不像。为什么我这么健康？精神状态很重要：第一，我经常忘记自己的年龄；第二，我平时坚持锻炼身体；第三，我不跟别人生气。其实有时候也气，但气完就完了，不要心里老想着。我就是想做点事，尽点对社会的小责任，不辜负周总理等这些老一辈国家领导人对我的培养。

民间踢毽运动趣谈

王立东

> 别看翎毛有限，身带两文铜线。
>
> 你我眉来眼去，我你两脚不闲。

这是流传于晚清时代的一个灯谜，谜底就是"踢毽"。

兴起于民间的踢毽运动一直为人民群众所喜爱。在全国很多地方都可见到踢毽，但保定踢毽技巧特别讲究，花样多、难度大、姿势美、技巧性强，而且踢毽手多为六七旬的老翁。假如你来到保定著名的古莲花池门前，不论早晨或者傍晚，就会经常看到几位老人兴致勃勃地正在这里踢毽。那小巧玲珑的花鸡毛毽儿犹如流星飞燕，在老人们的身前背后，身左身右，上下穿梭，左右翻飞。老人们忽而用脚空转数周，一个"串腕"将毽踢出，另一位老人飞身来了个"双跪"，将毽接起。六七旬的老人竟能如此灵活机动，不能不使观众惊叹。因此，每当几位老人拉开场子开始踢毽时，总会引来许多观众，场子被围得水泄不通。

1982年，国家举行了一次少数民族运动会。在这之前，各省、市、自治区分别召开少数民族运动会选拔具有本地区特色的项目。河北省在沧州召开了运动会，经过筛选，选出了摔跤、赛马参加比赛，并把"保定老翁踢毽"作为唯一表演项目，参加了在呼和浩特市举行的全国55个少数民族运动会。当三位老人神采奕奕地边踢着毽边走入会场时，全场轰动，喝彩不绝。

1983年，长春电影制片厂为了拍摄一部向国外介绍我国人民生活的纪录片，来到了石家庄。河北省有关部门特意将保定三位老翁接去，拍了一组老翁踢毽镜头。此后，省电视台也为老翁踢毽拍了电视片。

踢毽运动到底起源于何时？由于它是一种民间游戏，不登大雅之堂，因而史料几乎没有记载，其渊源也就无从查考。但是从一些民间传说中，还能反映出它源远流长的情况。

据传，三国时代蜀国大将关羽领兵出征，半路上被占山为王的周仓所阻，两个人交起手来。关羽武艺超群，而周仓力大绝伦，两人交手时间很久不分胜负，互相敬佩。关羽看出周仓勇中少谋，于是想出一条计谋。他对周仓说："我们这样打下去，何时是个结局，不如咱们比试力气，谁输了谁就投降。"周仓一听，正中下怀："谁不知我周仓的力气举世无双，这回你是输定了。来吧，比吧！"关羽拿出几根鸡毛递给周仓说："你把这几根鸡毛扔过大树顶如何？"周仓纵然使出吃奶的力气也扔不过去。关羽冷笑了一声："可惜呀，可惜，有勇无谋！"关羽从周仓手中接过鸡毛，插进一个铜钱眼内，用手一扔，即过树顶。周仓目瞪口呆，跪地投降。于是，人们便把关羽此举说成是毽子的最早雏形。

传说流传到隋、唐时代，开始有了踢毽的游戏。到了宋、元时代，踢毽游戏的技巧亦随之有所提高，便出现了技巧踢毽和技巧踢球。《水浒传》中所描写的高俅踢球，说明当时民间游戏中脚上的功夫花样已发展到了一定程度。

到了明、清时代，踢毽从城市发展到乡村。踢毽的规模、技巧达到了鼎盛时期。当时，踢毽风靡保定府。明朝刘侗《帝京景物略》卷二《春场》中曾记载当时的民间歌谣："柳树活，抽陀螺；杨柳青，放空钟；杨柳死，踢毽子。"可见踢毽至少在明朝已与陀螺、空钟并列为三大民间游戏，并且已经成为季节性的广大群众的游艺活动了。

学踢毽，须从四路基本功练起。即一盘、二磕、三蹦、四拐。"盘"就是一只脚站立撑身，另一只脚不停地用内鞋帮平踢；"磕"就是用左右膝交换着去弹；"蹦"就是用左右脚尖去弹；"拐"就是用两只脚的外鞋帮轮流向外分踢。将这四路基本功学会，才能进一步学别的花样。花样会得越多，功夫越算上流。

踢毽如果不会玩花样，就不算会踢毽。我经过深入的采访，一共整理出踢毽的花样28项，现分述如下：

金丝串腕（有的地方名为"金丝缠腕"）：串腕分好几种踢法。有"单串""双串""里串""外串"，还有"硬串"，其踢法是大同小异。"单串"是用脚腕围绕着正在落下的毽子绕一周，随即用脚将行将落地的毽子踢起；"双串"则用脚腕绕毽子两圈；"硬串"则绕三个圈以上。"硬串"难度较大，过去保定尚有人能踢"硬串"，现已无人能踢。里串与外串只是串腕时，脚腕绕圈的方向不同，一个向外，一个向里而已。

佛顶珠：用前脚尖将飞向自己的毽子一弹，使毽子稳稳当当地落在自己的头顶上，这一招叫"佛顶珠"。它要求有相当准确的判断能力和熟练的技巧。否则，毽子会落得偏前偏后，或偏左偏右，不会落到自己的头顶上。另外一种踢法，将踢出的毽落在鼻尖上，随后用力把毽从鼻尖抛出再用脚踢起，使毽落在脑门上，然后用力把毽抛出，再接踢别的花样。这种踢法，有的也叫"佛顶珠"。

　　倒打紫金冠：这是继"佛顶珠"之后，常采用的一种技巧花样。即头往后一扬，使毽向身后落去。同时，一条腿向后一抬，用鞋底从后往前把毽子打回三人圈内，再由别人接踢其他花样。由于玩此招时，头不往后看，因而比其他任何招式都要求更准确的判断力。所以此招十分精彩，备受推崇。

　　双凤贯耳：这也是继"佛顶珠"后常采用的一个花样。方法是把头一颠（上下颠），使毽蹦起。同时头向左侧歪，毽子则落在右耳一侧。再把头一颠，使毽颠起，头迅即向右侧歪，毽子落在左耳一侧。随着接踢其他花样，连贯起来，煞是好看。

　　前转引：这也是继"佛顶珠"之后采用的一种技巧花样。在踢"佛顶珠"后，抬起一条腿，用手扳到胸前，鞋底朝上，头一低，使毽子恰好落在鞋底上。然后用手扳住这只脚，从身前向身后转去，依靠膝盖的扭动，使腿旋转到身后时，始终保持鞋底连同毽子朝上不变，而另一腿站立，纹丝不动。这一招式难度颇大。

　　朝天凳：一腿独立，另一腿用脚尖接住对方传过来的毽子，然后用手扳住这只脚脖子，逐渐向上扳起，半途中一面向上扳，一面使脚上下颠簸。同时迅即变为鞋底朝上，使毽子落在鞋底上，再把脚向上扳直。另一腿独立，如同杂技演员用鞋底子顶碗的技巧一样。更可赞叹的是，老翁"朝天凳"已完，却还要保持身体姿势不变，然后"旱地拔葱"三下，毽在鞋底上丝毫不动。这个动作难度很大，非有上乘功夫，方能演此技巧。继此一招，脚再一翻，使毽子落下，瞬即用大"捌"子传出。"前转引"完毕，常常接演"朝天凳"。

　　仙人过桥：这也是难度很大、十分精彩的技巧。方法是：把伙伴踢来的毽子用脚尖从身前越过头顶踢到身后，头不向后看，另一只脚从身后一抬腿，用鞋底将毽子打回来。这一招式，舒展大方，十分优美。

后转引：有时在踢"仙人过桥"之后，不将毽子挡回，而是腿向后接住毽子不动，伸出与该腿同侧的手扳住腿，把腿从身后转到身前，始终保持脚底朝上毽不动。随后接踢其他花样。

时迁拉鸡：又叫"苏秦背剑"。当对方把毽传来时，用脚面稳稳当当接住毽，随后将该腿向身后划弧一扬，使毽从身后飞到身前，由其他伙伴接踢。

纺车轮：一只脚将对方传来的毽踢起，迅速用该脚在空中绕毽打个旋儿，眼看毽就要落地时，若用这只脚去接最保险。围观的人也都认为踢毽人一定会这样做。但出乎人们预料，踢毽人全身蹦起，反而用另一只脚去踢起毽子。这样反复几次，真好像人在蹬着轮子转，所以叫作"纺车轮"。这种技巧难度虽不算大，但形象非常美观。

里外翻空腿：又称"里外掏空""脚打螺""套腿"等。踢法是用左脚将传来的毽踢起，右脚在空中打一个后转，将正在下落的毽再踢起。然后左脚在空中也打一个转，把正在下落的毽踢起。就这样两只脚交替打转踢毽，姿势非常优美。

海底捞月：又称"十二捞月"。用脚面稳稳接住伙伴传来的毽，然后脚自里向外划弧把毽向上抛，再用该脚接住，循环12次。

顺风旗：此技巧与武功中的"顺风旗"不同。武功中的"顺风旗"是双手抓住竖直的树干，使身体与地面平行。而踢毽中的"顺风旗"与它差别甚远：手什么也不抓，当别人将毽传来时，接毽者飞身跃起，身体与地面几乎平行，用外鞋帮把毽踢出去。这是毽术难度最大的踢法之一。清末保定尚有人能踢此技，现已失传。

跨栏：当伙伴把毽踢来，飞到身体一侧时，用脚向外侧一磕毽，身体随之后仰为毽让路，使毽划弧线从身体一侧越过面部飞到身体另一侧，再由伙伴接踢。

吊裆：伸出一只脚，用内鞋帮接住传来的毽，随即提脚至裆下，松脚放毽；另一只脚迅向裆下靠来，把毽向前踢出。

平地翻车：毽从对方飞来，快用鞋底接住，随后用力上踢掷过脖，身体迅速转圈，变身前为身后。另脚向后提起，用鞋底接住毽。称为"平地翻车"。此花样完毕，再用过脖将毽打出。

捌子：捌子种类不少，有"自由捌""舒腿捌""跪腿捌"及"截腿捌"。"自由捌"无一定规则要求，一般是全身起跳，一只腿保持不变，另一只脚快速踢向那条不动的腿的后面，用内鞋帮将过来的毽踢出。

"舒腿捌"较难，身体起跳后，一只腿向前伸直与地面平行，另一只脚向这条平伸的腿的后面捌去，踢去落来的毽。

双飞燕：又称"双跪"。当伙伴将毽踢来，全身跃起，双腿合并起跳，并向身后提双腿去踢毽，用一只脚的外鞋帮将毽打出。这种动作轻松舒展。

风摆荷叶：伙伴把毽踢来，用一只脚的内鞋帮把毽从里踢出，迅即用该脚外鞋帮再踢毽，传给伙伴。看上去真像荷叶随风摇摆一样，极富美感。

过脖：踢法较简单，但姿势优美。它是用外鞋帮踢毽，同时身体前倾，给毽让路，毽擦后脖颈儿而过，又贴着身子的另一侧落下，可自己接踢，再来一个过脖回来。也可由伙伴连续接踢，循环转踢。

鸡啄碎米：也叫"二郎担山"，此法看起来很简单，但踢起来不容易。它是使一只腿站立不动，另一只腿向前伸出，用脚尖将落下的毽弹起、再弹起，反复数次及至数十次，全身始终不动。看上去踢毽的脚腕的动作如同小鸡啄米一样。这种踢法常穿插于踢毽当中表演，而后蹦捌传出。

双啄子：也称"双蹦尖"。双脚并在一起，全身跳起一尺多高，用双脚尖将飞来的毽踢传伙伴。

剪子股：毽飞来后，自己把双腿交叉、伸直，用脚尖把毽踢给伙伴。

阴阳鞋底：与"平地翻车"有近似之处，但又有明显区别。"平地翻车"是用两只脚配合表演；阴阳鞋底则是一只腿独立，另一只脚左右来回翻转，用鞋底接毽。这个动作，要求鞋底接踢必须十分准确。

空中三夺鱼：又叫"李逵夺鱼"，也叫"怀中抱月"。当毽飞来时，蹲裆夹住，再开腿放毽，骗马踢出。

左右骗马：用左脚由外向里围绕着飞起的毽转一圈，再用右脚从左大腿后面把毽踢起来。用右脚由外向里绕毽一周，用左脚从右大腿后面把毽踢起来，这样轮番几次，再将毽传出。

五子登科：这也是踢毽中最难、最精彩的技巧之一。踢法是：地上放有五个小铜茶碗（或者是小瓷碗），踢毽人上前迈步，用脚尖一踩其中一只小碗的边缘，使碗扣在自己的脚面上，而后用脚向上一挑，小碗便飞起，从空落下，刚好落在踢毽者头顶，然后对第二个碗也如法踢出，使它正好落在第一个碗上。其余以此类推。最后五个小碗恰好摆在一起。这时，地上至少还放着四只毽。踢毽者用双脚跟夹毽向上一甩，毽飞起；踢毽者紧接着用脚尖把飞起的毽一踢，移动身体，使毽刚好落在碗内。其余几个毽也如法踢出，毽都要落在碗内。踢毽者的身体既要保持平衡，使碗不致落地，又要准确地把毽踢到碗内，因而难度极大。

铁牛拉车：踢毽者一边走，一边向后抬腿，用两只鞋底轮换踢毽，头向前方目不后视。如同老牛拉车一步一踢地向后踢着，向前走去。

以上是踢毽的 28 种技巧和名称，踢毽中的各种演技花样基本收罗在内。这些毽技在表演时没有什么顺序前后之要求，只由踢毽人灵活掌握，临时观察毽的来势，适合用哪种技巧接踢传来的毽，就用哪种技巧去踢。这就需要眼睛、脑子、腿脚同时并用，反应更须特别敏捷。

由于踢毽这项民间游戏在古时不登"大雅"，因而对于古时的踢毽名人无从查考。现在只将晚清以来保定的踢毽名人简述如下：

清末民初，保定作为直隶首府，毽风极盛。著名踢毽高手有：王字街的张揖田，城北"古德行"当铺老板尹戴虹（外号"一带红"），"城隍行"（商号）的吴保三，以及居住在其他街道的吴翔林、杨海龙等；此外，还有外号叫作"石不管""火镰四"的两个人。他们的真实姓名已无从所知，只知此二人当时毽技高超。保定清真东寺的回民著名摔跤家马洛殿，不仅跤技冠绝一时，而且特别爱好踢毽，踢技也颇有造诣。这些人中，杨海龙以"硬串腕"之技最为著称，他可串三个甚至更多，而别人至多只能串两个，无与伦比。

民国时期，保定踢毽"据点"有王字街口、清苑县政府大门口、旧县街口、古莲池门前，以及城北"古德行"当铺门前等处。每逢回民伊斯兰节、大小开斋节这三节日或是赶庙会的日子，踢毽名手就要抖擞精神上阵献技，与其他一些民间游艺活动同时展开。当时年轻的踢毽手有王宝贵、张文华、张洛培、马宝全、田振国、张思敬、伍宝玉、吴善芝、孙振英、李凤鸣、李银钢、许寅生、尹梅奎等。他们当中有些人是少爷公子，有些人是回民或汉民贫苦百姓。他们各有所长：孙振英的"纺车轮""套腿"是拿手好戏；王宝贵以"串腕""双跪"见长；李银钢以"十二捞月"著称；许寅生的"跨栏"十分漂亮；尹梅奎的"铁牛拉车"为个人一绝；李凤鸣以"左右朝天凳"绝技独揽。

这些踢毽名手之所以踢得好，是与保定踢毽风尚的熏陶及自己的刻苦练习分不开的。其中个别人爱毽如瘾，每天必踢，简直到了如醉如痴的地步。安祥胡同（当时叫鞍匠胡同）的李银钢开着一个小商店，卖油盐酱醋，过着小康生活。无顾客时，他就踢毽。顾客来了，他就接待；顾客一走，他又接着踢起来。他的功夫逐渐达到在一米见方的面积内，毽不出圈。日久天长，他的小铺内的地面方砖，被他的脚磨出了许多小凹坑。又如张文华，是个饭铺掌柜。他每天在照顾生意的空隙时间，就把一根点着的香绑在毽上，在黑屋子里踢个不停。这样苦练的结果，使他踢毽的准确性和敏捷性达到了非凡的程度。

李凤鸣曾想向踢毽高手张揖田学踢毽，而张揖田心高气傲，不愿教他。李凤鸣一气之下，回到家里，把屋里的炕拆了，独自一人在屋子里苦练了三年，无师自通，一鸣惊人，成为保定当时的踢毽名手。他的"左右朝天凳"为当时保定一绝，他的"五子登科"，使毽迷们为之倾倒。

踢毽名手吴善芝，他的"朝天凳"更有独到之处。他能扳着"朝天凳"连续蹦上四个台阶。毽子就跟粘在鞋底上一样，稳稳当当，百无一失。尹梅奎职业是兽医，但却嗜毽如命。他独创了一种踢法，取名为"铁牛拉车"。他自己两手拉车，用脚把毽一勾，落到鞋底子上，然后人一面拉车走，两只脚不断向后翻，用鞋底轮番踢毽，人走多远，毽跟多远，可谓奇观。

还有一个人住在保定大纪家胡同，他的名字现已无人知晓，只知道他的外号叫"祁老拐"（他是残腿人）。他虽然腿拐，却很爱好踢毽。他对"大捌子""双飞燕"等技巧，踢得姿势优美。

踢毽十分有益于健身。它既不像田径运动那么剧烈，又不像太极拳那么慢稳。常做踢毽运动，可以调节神经、解除疲劳、使情绪兴奋、呼吸加快，对血液循环、新陈代谢、心肺功能及消化功能大有裨益。特别在冬季，踢毽更是户外的一种良好御寒取暖活动。另外，踢毽的各种花样技巧踢法，要求身体各关节活动幅度大，对发展全身肌肉及各关节的韧性也有好处。所以，经常踢毽，对老年保健，延缓衰老，可收一定功效。如今健在的保定踢毽老翁，诸如吴善芝、张文华、孙振英、许寅生、王保卫等，他们尽管年逾古稀，却依然身板硬朗，老而不衰。一些踢毽老翁谈到踢毽的感受时说："踢毽活动以后，感到周身轻松、精神爽快、食欲增加。我们这些人中从不患血压高、心脏病及关节痛病，我们几乎没进过医院大门。"

由于保定具有踢毽的传统风尚，所以踢毽这种游戏，在保定青少年中，现在仍很流行。他们边踢边唱着歌谣："一个毽，踢两半，打花鼓，绕花线；里拐外拐，八仙过海，九十九个，一百。"当然保定新一代的踢毽技巧，由于功夫还没练到家，比起老一辈的踢毽名手差距是很大的。但可以相信保定的踢毽传统，既已后继有人，总会后来居上，不断地得到发扬光大的。

可慰的是，这种历史悠久的民间游艺活动，现在已经作为一种杂技搬上舞台。更可喜的是，在我国民间传统踢毽游戏的基础上，已经发展成为一项竞技性的体育项目——毽球。国家体委已决定，将毽球列为我国的正式比赛项目。"毽球"的出现，标志着我国民族体育的发展和提高。

图书在版编目（CIP）数据

中华体坛传奇事 / 刘未鸣，韩淑芳主编 . —北京：
中国文史出版社，2019.10
　（纵横精华. 第四辑）
　ISBN 978 - 7 - 5205 - 1368 - 5

　Ⅰ. ①中⋯ Ⅱ. ①刘⋯ ②韩⋯ Ⅲ. ①体育运动史—
史料—中国—近现代 Ⅳ. ①G812.96

　中国版本图书馆 CIP 数据核字（2019）第 223678 号

责任编辑：金硕　孙裕

出版发行：中国文史出版社
社　　址：北京市海淀区西八里庄 69 号院　　邮编：100142
电　　话：010 - 81136606　81136602　81136603　81136605（发行部）
传　　真：010 - 81136655
印　　装：北京新华印刷有限公司
经　　销：全国新华书店
开　　本：787×1092　1/16
印　　张：14.5
字　　数：175 千字
版　　次：2020 年 1 月北京第 1 版
印　　次：2020 年 1 月第 1 次印刷
定　　价：42.00 元